WALTER BENJAMIN

Escritos sobre Kafka

LECTURAS

Serie **Teoría literaria**

TEXTOS: *Franz Kafka. Zur zehnten Wiederkehr seines Todestages* (*Gesammelte Schriften*, II-2, pp. 409-438), *Franz Kafka: «Beim Bau der chinesischen Mauer»* (*GS*, II-2, pp. 676-683) y *Kavaliersmoral* (*GS*, IV-1, pp. 466-468) han sido traducidos por Jorge Navarro Pérez. La reseña del libro de Max Brod *Franz Kafka. Eine Biographie* (*Erinnerungen und Dokumente*) (*GS*, III, pp. 526-529) ha sido traducida por Patxi Lanceros.

diseño   SABÁTICA

producción   MERCEDES DE LA ROSA

ISBN   978-84-19008-90-9
IBIC   DSBH
depósito legal   M-11425-2024

preimpresión   ESCAROLA LECZINSKA
impresión   COFÁS, ARTES GRÁFICAS

WALTER BENJAMIN

Escritos sobre Kafka

edición de
PATXI LANCEROS

MADRID 2024

A B A D A EDITORES
LECTURAS DE TEORÍA LITERARIA

PRÓLOGO
A propósito de Kafka[1]

Patxi Lanceros

«Notre héritage n'est précédé d'aucun testament».
RENÉ CHAR, *Feuillets d'Hypnos*

TRABAJOS Y DÍAS

Cuatro fueron los trabajos que Walter Benjamin dedicó a la obra de Franz Kafka; muchos fueron los días, o largos los años, que consagró —con fidelidad y piedad

---

[1] Este pequeño texto ha de ser considerado como una transición. Entre una conferencia que tuvo por título *Correspondencias judías. A propósito de Kafka*, que se impartió el veintidós de noviembre de 2023 en el Centro Sefarad-Israel de Madrid, y un pequeño libro, de parecido título, que se publicará en esta misma editorial. La idea de esta introducción ha sido de Fernando Guerrero, que me la ha pedido con insistencia y con premura; la idea de la conferencia precedente, la invitación y la calurosa acogida, fue de Roberto Navarrete. Hacer constar, sincera y enfáticamente, el agradecimiento a ambos no es para mí sólo una obligación: es un placer. Y un honor.

casi religiosas— al inclasificable *narrador*[2] bohemio:
detenidas lecturas, profundas reflexiones, concentra-
dos apuntes, conversaciones cuyo eco llega hasta nosotros a través de textos de sus contemporáneos..., y una
tensa correspondencia cuyos efectos se prolonga en el
tiempo. Hasta hoy. Todo ello compone un variado
material que todavía tolera, o exige, detenido estudio[3].
Por la calidad de los interlocutores que, a propósito de

---

2   Narrador (*Erzähler*) por decisión de Benjamin, que utiliza para
    Kafka el mismo rubro que utilizará —y teorizará— para Nikolai
    Leskov, de cuya obra se ocupa en un artículo publicado en la
    revista *Orient und Occident* en 1936: *Der Erzähler. Betrachtungen zum Werk*
    Nikolai Lesskows. El calificativo ya es un resultado —en absoluto el
    primero— de la indagación sobre Kafka. Hay que señalar que
    Benjamin comienza sus trabajos sobre Leskov —y sobre la
    narración— en el año 1928, y escribe el ensayo en 1936. Los
    años de trabajo intensivo sobre la obra de Kafka son, como
    veremos, coincidentes. Y, en este último caso, se prolongan en
    el tiempo, ya que Benjamin nunca abandonó la idea de escribir
    un libro sobre Kafka partiendo de los textos que aquí publica-
    mos. Las consideraciones sobre la narración, y su compromiso
    con la experiencia —cuya pérdida analiza Benjamin en un artí-
    culo que cabe fechar en 1933 (*Erfahrung und Armut*)—, están a la
    base de la lectura que Benjamin hace de las obras de Kafka, y se
    nutren de ella, tanto o más que de la lectura de los textos de
    Nikolai Leskov.

3   El conjunto de notas y fragmentos de correspondencia fue cui-
    dadosamente seleccionado y editado junto a los propios textos

Kafka, se asocian a la *constelación-Benjamin* (Adorno, Scholem, Brecht o Kraft son algunos de ellos), sin lugar a dudas. Pero, sobre todo, por la envergadura de los temas que, a propósito de Kafka, se prestan a discusión: modernidad, tradición, revelación, burocracia, organización, nihilismo, alienación, redención... Casi todos los motivos que interesaron a Benjamin, o, mejor (dado que el elenco de sus intereses es casi inabarcable), casi todos los grandes motivos que despuntan en su obra, se alojan —también— en esas pocas pero imprescindibles páginas requeridas por la obra de Kafka: el derecho y la justicia, la historia, el lenguaje, el mito, el arte, la literatura, la religión, la ciudad, la culpa, la experiencia, la sociedad, la herencia o la técnica...; incluso la fotografía y el cine encuentran discreto, pero significativo, acomodo en los escritos sobre Kafka.

El trabajo de Benjamin sobre Kafka es, por todo ello, un cauce en el que confluyen múltiples caudales, un catalizador, o un alternador que se nutre de energías —no sólo las propias— y las transforma. Muchas, y a

por Hermann Schweppenhäuser en *Benjamin über Kafka. Texte, Briefzeugnisse, Aufzeichnungen*, Suhrkamp Verlag, Frankfurt, 1981.

menudo divergentes hasta la incompatibilidad, son las tensiones que cohabitan en estos textos; si esas tensiones se sosiegan en precario e inestable acoplamiento, o si configuran una propuesta teórica coherente, ello se debe a la tenaz dedicación de un hombre —Walter Benjamin— habituado a visitar confines; y poco proclive a instalarse en ningún lugar de forma permanente.

Puede mostrarse —aquí se hará en la forma resumida, y por ello insuficiente, que corresponde a una introducción— que los resultados del trabajo de Benjamin sobre Kafka, que en su momento generaron discrepancia en el entorno más cercano, todo lo matizada que se quiera por la admiración, acabaron sobre-poniéndose no ya a la crítica sino a los críticos. Para alguno de ellos —Th. W. Adorno, G. Scholem, W. Kraft— la lectura de Benjamin se convirtió en un inderogable punto de partida o de varias partidas. Y lo sigue siendo: a pesar de su carácter fragmentario, de su incompletitud. A pesar, sobre todo, de que los textos se escribieron en un momento en el que el *dossier-Kafka* tenía muchas más lagunas que el actual; o era mucho más reducido. No es lo mismo, efectivamente, escribir sobre *Kafka en el décimo aniversario de su muerte* —así Benjamin— que escribir en el centenario del acontecimiento.

LOS INICIOS

Puede sospecharse, y hay quien lo afirma taxativamente, que Benjamin estaba familiarizado con la obra de Kafka desde muy pronto, quizá desde 1915. Y que esa familiaridad le llevó a (per)seguir las publicaciones —escasas pero bien significativas— del autor al ritmo, lento, de su producción editorial.

La primera mención a Kafka en los escritos benjaminianos se hace esperar algo más: en una carta a Scholem[4], fechada el veintiuno de julio de 1925 —poco más de un año había transcurrido desde la muerte de Kafka—, Benjamin dice haber solicitado algunos textos póstumos (algunas cosas: *Einige nachgelassne Sachen*) con la

---

4   Que la primera mención (escrita) de Benjamin a Kafka aparezca en una carta a Scholem no es casualidad, dada la amistad entre ambos a lo largo de los años y a pesar de la distancia. Y quizá sea un destino: tal vez Kafka nunca tuvo noticia de la existencia de Benjamin, pero parece que sí la tuvo, y minuciosa, de la de Scholem, con cuyas posturas sionistas decía concordar, ya en 1916. La confidencia se debe a Felice Bauer, que conoció y frecuentó al joven Scholem (por aquel entonces, todavía Gerhard) en el Hogar popular de Berlín, de ambiente marcadamente sionista. De hecho, en carta a Kafka afirma Felice que la única no sionista del *club* era ella.

intención de reseñarlos[5]: de la lectura de esa frase, y de su estilo, se desprende, efectivamente, un conocimiento previo y, al menos, una afición. También dice, sorprendentemente, que su relato breve *Ante la ley* «sigue siendo para mí uno de los mejores que hay en alemán, hoy como hace diez años». Lo sorprendente no es la evaluación del relato, obviamente. Si bien la mención a los diez años transcurridos abona la hipótesis de que Benjamin era asiduo lector de Kafka desde antiguo, la estima que le merece *Ante la ley* es excesiva... en el tiempo. Pues el mencionado apólogo no se publicó hasta 1919 (como parte del volumen *Ein Landarzt*). Puede tratarse de un *lapsus calami*, de la —improbable— confusión de ese título con algún otro anterior, o de un error de cálculo (al fin y al cabo, el «vocacionado» para las matemáticas era el receptor de la misiva, Gershom Scholem); el caso es que Benjamin estaba convencido, ya a lo largo de un decenio, de que Kafka había levantado, para la lengua alemana, un monumento duradero: *Exegi monumentum aere perennius*, escribió Horacio... de sí mismo y hace más de dos milenios[6].

---

5   *El Proceso*, sin duda una de «esas cosas póstumas», se había puesto a la venta el 26 de abril del mismo año.

No mucho más tarde, en noviembre de 1927, y en otra carta a Gershom Scholem, Benjamin, que califica a Kafka de «ángel de los enfermos» (*Krankenengel*), dice tener cabe sí un ejemplar de *El Proceso*. A la carta en la que se hace tal confesión acompaña —el testimonio es de Scholem— una «breve nota» que lleva por título *Idea de un misterio:* «Representar la historia como un proceso en el que el hombre, a la vez que actúa como procurador de la muda naturaleza, se lamenta de la Creación y de la incomparecencia del Mesías prometido. Sin embargo, el tribunal decide escuchar a los testigos del futuro. Comparecen el poeta, que lo siente; el pintor, que lo ve; el músico, que lo oye; y el filósofo, que lo sabe. Sus testimonios no concuerdan, aunque todos testifican su Venida. El tribunal no osa confesar su irresolución. Por ello, nuevas quejas se suceden sin fin, así como nuevos testigos. Hay tortura y martirio. Los bancos del jurado son ocupados por los vivos, que

---

6 También es cierto que Kafka anota en sus diarios, ya en agosto de 1914, su disposición a «recomenzar» *El Proceso*; y que en enero de 1915 leyó a Felice Bauer, precisamente, «el relato del guardián de la puerta» (*Ante la Ley*). Sería Felice quien «comprendió perfectamente» y reveló a Kafka «la significación de la historia». Aunque Benjamin no podía saberlo, en 1915 *Ante la Ley* ya era monumento duradero de la lengua alemana.

escuchan con la misma desconfianza tanto al acusador
de la humanidad como a los testigos. Los asientos del
jurado son heredados por los hijos. Finalmente des-
pierta en ellos el temor de que podrían ser desalojados
de sus bancos. Al fin, huyen todos los miembros del
jurado; sólo quedan el demandante y los testigos»[7].

Scholem añade algo que, como dato, no cabe dis-
cutir: «Este breve apunte, cuyo contraste con los
numerosos apuntes ulteriores sobre teoría de la historia
es tan evidente como su contexto mesiánico, constituye
el primer testimonio del efecto que *El Proceso* de Kafka
ejerció en Benjamin […] Con él comenzaron sus
meditaciones sobre Kafka, que debían servir de etapa
preliminar para un ensayo sobre *El Proceso*»[8]. Scholem
vincula, quizá no sin motivo, tanto la intención como
el sesgo del propósito de Benjamin con sus propias
investigaciones y con la intención, explicitada por Benjamin, de dedicar el futuro ensayo a su amigo[9]. Y, si es

---

7   Gershom Scholem, *Walter Benjamin-Die Geschichte einer Freundschaft*,
    Suhrkamp Verlag, Frankfurt, 1997 (1975), p. 180 s. (Las traduc-
    ciones son propias P.L.).
8   *Ibid.*, p. 181.
9   Escribe Scholem: «Que ese trabajo me debiera ser dedicado no
    es sorprendente. Pues se trataba allí, todavía de manera explícita,

cierto que las primeras aproximaciones de Benjamin
al complejo historia-mesianismo se remontan, al
menos, a 1916[10], también lo es que tales ideas se vieron

de categorías teológicas, en las que debían quedar distinguidos
los «estratos de sentido de la teología» de los «estratos de
vivencia del sueño». Él (Benjamin) conocía, ya entonces, una
nota que yo había publicado a mediados de 1928 sobre los escritos de Agnon, en la que decía que de lo que se trataba en el caso
de Agnon era de la revisión del proceso de Kafka. Él quería esta-
blecer en su trabajo un paralelismo entre Kafka y Agnon, y así
desarrollar a su modo la categoría de *demora*, que yo, en un
manuscrito redactado en 1919, *Über das Buch Jona und den Begriff der
Gerechtigkeit*, había definido como constitutiva para el judaísmo,
con lo que él estaba en pleno acuerdo. De esta forma, en esos
años, a partir de 1927, corrían nuestros pensamientos, al menos
en torno a un objeto central, hacia un punto de convergencia
común».

10 Ha de verse lo que afirma en el pequeño pero importante escrito, que cabe datar en verano de ese año, *Trauerspiel und Tragödie*: «Y
sin precisar qué otra cosa es la que determina el tiempo histórico, sin definir su diferencia respecto del tiempo mecánico, hay
que decir que la fuerza determinante de la forma histórica del
tiempo no puede ser captada plenamente por ningún tipo de
acontecimiento empírico, ni se recoge tampoco plenamente en
ningún acontecimiento empírico concreto. Ese perfecto acontecimiento desde el punto de vista de la historia es sin duda más
bien algo que se halla empíricamente indeterminado, es decir,
una idea. Y esta idea del tiempo consumado es justamente aquello que, en la Biblia, en cuanto idea histórica dominante en ella,
es el tiempo mesiánico. Así, en todo caso, la idea del tiempo his-

animadas, y enriquecidas, por la conversación con, y por los trabajos de, Gershom Scholem. Y, finalmente, cabe destacar ese apunte de nostalgia, o de reproche, que se lee en la frase final de la cita de Scholem: *De esta forma, en esos años, a partir de 1927, corrían nuestros pensamientos, al menos en torno a un objeto central, hacia un punto de convergencia común.* El objeto central era el mesianismo, y sus relaciones con la historia. Y la declaración anuncia, y lamenta, una despedida: no del mesianismo, desde luego, sino del «punto de convergencia común». Pues a lo largo de los años siguientes y, en buena parte, a propósito de Kafka, el acuerdo se va trocando en discordia, y las direcciones que emprendieron los trabajos de los dos amigos (jamás dejaron de serlo) se fueron separando cada vez más. Es decir, la cuestión del mesianismo es capital tanto en los textos de Scholem como en los de Benjamin: pero

tórico consumado se encuentra pensada al mismo tiempo como la idea de un tiempo individual. Y esta circunstancia, que naturalmente transforma por completo el sentido de la consumación, es lo que distingue al tiempo trágico del tiempo mesiánico. El tiempo trágico es al tiempo mesiánico lo que el tiempo consumado individualmente es al tiempo divinamente consumado». Walter Benjamin, *Obras libro II / vol. 1*, Abada Editores, Madrid, 2010, p. 138.

la interpretación del complejo mesiánico es harto diferente.

Hay en la nota de Benjamin (*Idea de un misterio*), además de una importante cuestión de estilo o de técnica literaria[II], una serie de rasgos que anticipan, o preparan en el modo de la duda, o de la indecisión, trabajos posteriores: la promesa y la demora del Mesías, la incorporación de la historia y de la naturaleza a una economía de la salvación perpetuamente postergada, la historia como Juicio de Dios (o como Juicio sin Dios), como Juicio Final (que acaso ya, como en Kafka, incluya la Ley Marcial). Y, como substrato evidente, la ausencia de la redención, esa categoría que atraviesa los escritos de Benjamin (pero no sólo los suyos, como veremos brevemente), hasta dominar el último de sus textos: *Sobre el concepto de historia*.

[II] La cuestión, importante, de estilo radica en que, ya aquí, Benjamin se confronta con Kafka —lo asume y lo desplaza—, en primer lugar, en el medio del relato, no del comentario o de la glosa. Esa será la tónica dominante en los dos grandes textos que se leerán a continuación: *Franz Kafka: «Construyendo la muralla china»* (1931) y *Franz Kafka, en el décimo aniversario de su muerte* (1934). Ya desde ese temprano apunte de 1927, Benjamin prueba las potencias de la narración: potencia literaria, desde luego, y por ello intelectual y moral.

Todavía no se habían hecho visibles, a las alturas de
1927, otras influencias —notoriamente, las de un
materialismo histórico interpretado *pro domo* por el
propio Benjamin—, que acabarían por configurar su
muy extraña propuesta filosófica[12], la que se dibuja,
con simpática y poderosa imagen, en la primera de las
consideraciones (o reflexiones, o tesis) *sobre el concepto de
historia*: imagen al respecto de la que algunos (Brecht,
por ejemplo) propondrían retirar el oculto enano
jorobado teológico mientras otros (Scholem, por
supuesto) insistirían en que es precisamente el enano
el que ha de jugar explícita y abiertamente la partida,
en detrimento del autómata materialista.

Discrepancias, sí: sobre la teología y la historia,
sobre el Mesías y el Juicio Final, sobre la tradición y la
escritura. Y a propósito de Kafka. Pero es cierto que, a
pesar de las divergencias (o precisamente por ellas),
todos los textos de Benjamin (incluso el libro prometido y no escrito sobre el narrador checo) fueron impul-
sados y auspiciados por Scholem, que se preocupó, con
diferente éxito, de la publicación de algunos de ellos.

---

12 Que esa extrañeza no resulte extraña es uno de los más conspi-
    cuos enigmas del devenir filosófico, hasta el presente.

Los textos

Volveremos más adelante a la cuestión de la discrepancia; y aun de los profundos acuerdos que a ella subyacen. Vayamos ahora a una sobria presentación de los textos: de muy distintas dimensiones, elaboración, valor y estilo.

Dos de ellos, que sin embargo tramitan sendas importantes decisiones, son artículos sólo tangencialmente sobre Kafka; en rigor son textos sobre Max Brod (en los que Kafka, obviamente, es siempre el último aludido). El primero, *Moral de caballero*, fue publicado en noviembre de 1929 en la revista *Die literarische Welt*, y constituye una defensa de la decisión de Brod (frente a las objeciones de Ehm Welk) de publicar la obra póstuma de Kafka a pesar de la célebre disposición testamentaria de este último, que prohibía a su albacea dicha publicación (a la vez que le instaba a quemar los manuscritos; y a ser posible, en un incendio de mayores dimensiones, incluso la obra ya editada)[13]. Si en

---

13 Sabido es que pocos años más tarde, quemar libros de autores judíos, e incluso quemar judíos, fueran o no autores, se convirtió —en Alemania y no sólo allí— en parte del folklore nacional(socia-

este breve pero intenso artículo la figura de Max Brod queda (muy) bien librada, no sucede lo mismo con el último de los textos escritos: una reseña del libro de Brod *Franz Kafka. Una biografía*. El artículo fue redactado a demanda de Gershom Scholem, y a él remitido en una larga y muy importante carta el doce de junio de 1938, carta que tendremos ocasión, o necesidad, de citar más adelante. Si las discrepancias de Benjamin con Brod (y con el «Círculo de Praga») quedaban claras, y acentuadas con el tiempo, a lo largo tanto de sus apuntes como de su correspondencia (sobre todo en la correspondencia cruzada con Scholem y Adorno), aquí estallan de forma inaudita. Efectivamente, pocas ganas le quedarán a lector de visitar la, sin embargo célebre, bio-hagiografía de Kafka concebida, o perpetrada, por Max Brod. Cierto es que la controversia de Benjamin con «los praguenses» (Brod y Schoeps, fundamentalmente) entraña cuestiones de principios, que incluyen una hermenéutica de Kafka orientada por una suerte de teología existencial que

lista). Más de uno habría completado con éxito, y con ganas, la tarea que a Brod le fue encomendada por Kafka. Y, de hecho, seguramente alguno destruyó una parte del legado, que no había llegado a manos de Max Brod.

desesperaba a lectores como Benjamin, Adorno o Scholem. Pero la reseña, vitriólica, va más allá: nada queda a salvo, y Brod (además del libro, por supuesto) es expulsado al infierno de la incompetencia y de la ignominia[14].

De muy distinto calado, y de muy distintas dimensiones, son los otros dos textos que aquí se recogen. Emparentados entre sí, hasta el punto de que puede defenderse que el segundo es, en muy cruciales aspectos, una reelaboración del primero, se cuentan entre los más importantes de la prosa benjaminiana. Tanto por cuestiones de forma como por razones de contenido. Si en algún lugar la propuesta filosófica de Benjamin se fue perfilando con tensión y rigor, si en algún lugar llegó el autor a dominar las muy diversas fuerzas que interactuaban en su pensamiento, fue precisamente al hilo de la obra de Kafka, o a solicitud de la muy exigente prosa del narrador bohemio. Quizá el pensamiento de Kafka —y su sensibilidad— estaban afectados, o nutridos, por similares desequilibrios, o

14 Incluso la amistad entre Kafka y Brod queda cuestionada en una frase final de dudoso gusto, que tiene sus paralelos (o su apoteosis) tanto en algunas notas como en una célebre carta a Theodor W. Adorno.

bloqueos, que el de Benjamin. Algo añadiremos al respecto.

El primero de los textos en orden de elaboración, *Franz Kafka: «Construyendo la muralla china»*, es, en rigor, la transcripción de una alocución radiofónica difundida a través de la radio de Frankfurt el tres de julio de 1931. Benjamin da cuenta en ella del volumen del *Nachlass* kafkiano que contiene ese título, pero recorre ya el completo perímetro de la obra de Kafka (conocida hasta ese momento) y perfila los temas mayores de su propia interpretación: en los que el mesianismo bloqueado, la incomparecencia de la gracia, la impuntualidad de la redención o la imposibilidad de la consumación —cuestiones que ya habían animado sus primeras lecturas— conviven con cuestiones relativas a la sociedad, la explotación, la alienación, la organización o la burocracia. Dos ejes, o dos polos, que, como se verá, componen y conmueven la filosofía de Benjamin; y no sólo las entregas referidas a Kafka.

El segundo, el, en todos los sentidos, gran ensayo *Franz Kafka, en el décimo aniversario de su muerte*, fue también impulsado por la insistencia de Scholem, que medió reiteradamente ante Robert Weltsch, jefe de redacción de la *Jüdische Rundschau*, con el fin de que el artículo viera la luz. Finalmente, tan sólo dos de las cuatro partes que componen el texto («Potemkin» y «El jorobado hombrecillo») serían publicadas en ese medio, el veintiuno de diciembre de 1934.

Nunca en la obra de Benjamin quedaron tan meridianamente claras las virtualidades de la narración, nunca el narrador —y aún no se había publicado el ya mencionado texto sobre Nikolai Leskov, que tendría que esperar aún un par de años— fue elevado a potencia crítica como en este texto. El ejercicio de la narración —la consideración de la experiencia y la preterición de la vivencia— alcanzó aquí su punto culminante: y puede afirmarse que ni en la obra de Benjamin ni en ninguna otra se llegaría a igualar ese ejercicio que hallaría en *Der Erzähler* su conveniente glosa. Narración kafkiana, narración más o menos tradicional, narración benjaminiana... se dan cita para componer un mosaico sobria pero rigurosamente articulado. Y en él se reflejan las tensiones que tienen en la política y la mística, o en la mística y la ciudad, sus polos de emanación, y de retracción. En una carta enviada a Scholem desde Skovsbostrand (lugar de residencia de Bertolt Brecht, y hospedaje ocasional de Walter Benjamin) el diecisiete de octubre de 1934, alude Benjamin a la imagen de un arco, cuyos extremos identifica: «aquí estoy luchando a la vez con dos

extremos, a saber, la política y la mística». Y el doce
de junio de 1938, desde París, completa Benjamin,
también en respuesta a Scholem, la imagen del arco:
«La obra de Kafka es una elipse, cuyos focos, muy alejados entre sí, están determinados, por un lado, por la
experiencia mística (que es, sobre todo, la experiencia
de la tradición), y, por otro, por la experiencia del
hombre moderno de la gran ciudad».

DOS FOCOS (APAGADOS) Y ALGUNOS DESIERTOS

Sería interesante, aunque imposible aquí, seguir las
peripecias, las presentaciones y las transformaciones
de esos focos alejados, tanto en la obra de Kafka como
en la de Benjamin. Y no menos interesante sería com-
probar cómo, a pesar de su franca lejanía, o precisamente por ella, toleran puntos de proximidad, e incluso de coincidencia. Uno de ellos es la imposibilidad, la
nada o el vacío que afecta a ambos, la fractura, o las
fracturas, que ponen de manifiesto, y que se hacen
lacerantemente contemporáneas en la prosa de Kafka,
y en el mundo que en esa prosa se refleja.

El foco místico (la experiencia de la tradición) está
apagado, ha sido aniquilado, o desgarrado. Llegan de él
ecos distorsionados, esquirlas o fragmentos que no

permiten componer figura coherente: escritura sí, pero escritura extraviada, o escritura de la cual se desconoce la clave de interpretación. Cosificada o momificada, esa escritura ha devenido desierto, u hogar hostil, en los que tan sólo resisten estereotipos, clichés vacíos de todo contenido. Tampoco la política, o la ciudad, o el Estado, se constituyen en hogar, o en mero refugio: son, por el contrario, el territorio de la enajenación, de la aniquilación («Y murió como un perro»). Y de una aniquilación que no acaba: sobrevive la vergüenza. Otro desierto. O acaso el mismo, que se prolonga en la historia y como historia sin solución de continuidad, sin fin, sin esperanza; o con infinita esperanza... *pero no para nosotros* (sin saber a ciencia cierta quién es «nosotros» en el célebre sintagma de la conversación con Kafka transmitida por Max Brod).

Cierto es que Benjamin fue reiteradamente compelido a orientarse —exclusivamente— por (o hacia) uno de los focos: doblemente únicos. Por ejemplo, en carta del uno de agosto de 1931 escribe Scholem a Benjamin: «Obviamente, sin embargo, también he realizado ya, por mi cuenta, "reflexiones particulares" acerca de Kafka, pero estas no conciernen, por supuesto, a la posición de Kafka en el conjunto de la historia de la literatura alemana (en la que no ocupa posición alguna, sobre lo cual, por lo demás, no abrigaba *él mismo* ni la menor duda; como sabes probablemente, era sionista), sino en el de la literatura judía. Yo te aconsejaría comenzar cualquier investigación sobre Kafka a partir del libro de Job o, cuando menos, por una discusión sobre la posibilidad de tratar en una obra poética el Juicio de Dios, que a mi modo de ver representa el único tema de la producción literaria de Kafka. En mi opinión, tales son asimismo los puntos a partir de los cuales puede ser descrito el universo lingüístico de Kafka, que por su afinidad con el lenguaje del juicio final representa, sin duda, lo prosaico en su forma canónica»[15]. El foco místico, la frecuencia de la tradición aun

---

15 Al margen de ciertas unilateralidades (o unilateralidades ciertas) que aquí no vamos a glosar, interesa destacar la frontal oposición de, por ejemplo, Adorno, que, en carta a Benjamin del diecisiete de diciembre de 1934 señalaba que «Kafka no es en ningún sentido un escritor de patria judía». Y, aunque no cabe desarrollar aquí la —muy importante— cuestión, es fundamental remitir, al hilo del consejo de Scholem, a la conferencia de Margarete Susman *Das Hiob-Problem bei Franz Kafka*, publicada en *Der Morgen* en 1929. Kafka tuvo acceso a esa conferencia por cortesía de Werner Kraft a finales de 1934; y en uno de los apuntes para la reelaboración del artículo sobre Kafka señala la necesidad de referirse al texto de Susman, del que extrae una frase: «Kafka ha interrumpido —según sus propias palabras— la música del mundo

en la fase de su crepúsculo, o de su nada, era el indicado por Scholem. En sus notas de julio y agosto de 1934 apunta Benjamin, por el contrario, que a juicio de Brecht «Kafka sólo habría tenido un problema, sólo uno, y es el de la organización. Aquello que más le habría sobrecogido sería el miedo al Estado-Hormiguero: cómo los hombres, por las formas de su convivencia, se alienan a sí mismos». El lado político, el foco de la experiencia del hombre moderno en la gran ciudad, se impone aquí como único significativo.

Esa doble solicitud, o ese radical antagonismo de perspectivas, ha llegado a ser habitual en la lectura de Kafka; que, sin embargo, tal vez no pueda ser reducido a ninguna de ellas. En algún punto de esa alternativa se vio constreñido Walter Benjamin, que fijó su orientación, de forma lapidaria, en una «respuesta» (jamás enviada) a una crítica hecha por Max Horkheimer en carta del dieciséis de marzo de 1937, y que hoy consta en el apartado N 8, 1 de *Das Passagenwerk*: «… en el curso del rememorar realizamos un tipo de experiencia que

hasta en lo más profundo, música que, al menos hasta ahora, siempre se podía intuir». No es este el lugar para revisar ese notable texto, y sus plurales con-textos.

nos prohíbe comprender la Historia sobre un fundamento ateológico, aunque nunca debamos intentar escribirla empleando unos conceptos inmediatamente teológicos».

Pero quizá el primero que transitó desiertos, con plena conciencia y desesperada insistencia, fue el propio Kafka, que conoció durante toda su vida (o, más bien, a lo largo de toda su obra) una suma de imposibilidades. Y se sobre-puso a ellas; es decir, se sobre-puso en ellas. La imposibilidad del acceso a Canaán, como él mismo anota: una imposibilidad que es solidaria de la condena al exilio, al desierto. Praga fue para él una condena y un exilio; la vida un exilio y un desierto; la obra, una imposibilidad. Una más.

Que esa «órbita excéntrica» que Kafka permanentemente transita, o en la que se extra-vía, predisponga a una obra que acumula bloqueos y explora impotencias, desvíos, demoras y trabas, es casi una obligación. De la que el propio autor fue perfectamente consciente. La crítica posterior ha recibido alguno de esos mensajes. Y ha hecho de Kafka, en muchas ocasiones, un severo radiógrafo de las trabas burocráticas. Convirtiéndolo, más de una y dos veces, en un sociólogo enrevesado y menor. Tampoco quienes, siguiendo de Brod (denunciada por Benjamin hasta el escarnio), acomodan a Kafka en la senda de la santidad y casi a las puertas de la gloria, hacen justicia (y quizá tan sólo de justicia se trata) a esa prosa exigente y compleja. Claro que *El Proceso* o *El Castillo* multiplican la burocracia y muestran las lacerantes heridas que produce «la organización»; claro que ambas (d)escriben, a la vez, la catástrofe de la tradición, la redención imposible o la aniquilación del sentido. Tampoco aplicando a Kafka la equívoca categoría de «profeta» se gana mucho[16]. «Yo soy literatura», repite sin cesar el narrador. Quien, efectivamente, ni solicita ni merece otro calificativo. Literatura: en el sentido más eminente del término.

Y literatura que arranca del abismo, y que jamás logra salir de él. Como K., anda y desanda caminos, experimenta toda suerte, toda desgracia, de obstáculos, trabas, dilaciones, demoras. Que ese abismo es expe-

---

16 Ni Benjamin, ni Brecht, ni Adorno son inocentes de tal (ab)uso. «Como usted sabe, no utilicé esa palabra (profeta)», se defiende Benjamin en carta del doce de noviembre de 1934 a Werner Kraft. No la utilizó, ciertamente, en su ensayo del 34; pero sí en la conferencia radiofónica del 31. Y en las notas que preparaban la prosecución del texto. Brecht, la noticia es de Benjamin, la usa generosamente. Y Adorno, en el artículo de 1955 (*Anotaciones sobre Kafka*), lleva el «profetismo» de Kafka a extremos más bien incómodos.

riencia de ciudad, de Estado o de burocracia es una obviedad. Que es el abismo de la tradición, también. El reproche, en la *Carta al padre* (en la que el título del receptor podría escribirse también con mayúscula inicial), de haber recibido en herencia un judaísmo vaciado de toda sustancia, una Sinagoga de prácticas rutinarias y rituales incomprensibles, que sólo se salvan (si acaso) por la hilaridad que provocan en el joven Franz, está a la base de muchas de sus producciones. Y con la herencia queda arruinada la esperanza, abolida la promesa, suspendida la redención. También núcleos de sentido antaño, quizá, significativos muestran su fatiga, o su estado de podredumbre: la familia, la comunidad, la sociedad, tal vez la humanidad. Que las figuras de la autoridad (sean el padre o el Padre, la ley o la Ley, el jefe, el juez, el guardián, el maestro...) están afectadas por la misma tara, queda fuera del debate. El exilio es radical y total: queda el desierto. Queda la literatura. O quedan fragmentos que se prolongan en fragmentos: retazos insignificantes de tradición que se trocan en retazos (altamente significativos, a pesar de lo que Kafka tal vez creyó) de literatura. De narración.

¿No es la experiencia de Kafka experiencia fundadora? ¿No es su literatura cuaderno de bitácora? Desde luego lo es para Benjamin, o para Scholem (quizá también para Adorno, o para Margarete Susman, o para Hannah Arendt...). Apenas separados en el espacio y en el tiempo, unidos en la lengua y afectados por la misma enfermedad de la tradición que Kafka supo diagnosticar antes que nadie; y mejor que nadie. O concernidos, aunque con diferente intensidad, tanto por la corrupción de la herencia como por el fracaso de la promesa. Las vías que se abrieron (o que se cerraron) en Praga atraviesan espacios y tiempos: a Tel-Aviv o a Jerusalén, a las costas Este y Oeste de los Estados Unidos, a Frankfurt..., o a un lugar casi ignoto en la frontera francoespañola. Hasta hoy. Una generación, o más de una, participó del mismo desgarro, de la misma orfandad. Transitó desiertos; y halló diferentes salidas o chocó contra insuperables obstáculos. Scholem, por ejemplo, remontó la tradición a la búsqueda del origen perdido (y tal vez lo halló en la lengua), Benjamin se movió, con dificultades de todo tipo, en el estrecho margen entre dos imponentes desiertos. Y sucumbió. Pero ya Kafka había tentado el retorno en la línea que, con más éxito, practicaría Scholem. Para acabar, sin embargo, casi como Benjamin; no consumó el suicidio, pero sí pidió la muerte. Por escrito, como corresponde a un autor. «Mátame. Si no, serás un asesino», fueron sus últimas letras.

Moisecillos, ratones y la redención pendiente

En carta a Max Brod de junio de 1921 escribe Kafka sobre *mauscheln* y el *Mauschel*. La referencia inmediata es Karl Kraus. Pero la referencia obligada es el artículo-programa (*Das Mauschel*) de Theodor Herzl publicado en Viena, en *Die Welt*, el quince de octubre de 1897. Se sabe que el verbo, que aun hoy se traduce como engañar, timar, hacer chanchullos, trampear…, designa al judío que, inevitablemente, mezcla el alemán con el *yiddish*: el que habla (e incluso escribe) con acento. Un bárbaro, en el viejo sentido de Homero: «Nastes iba al frente de los carios, barbarófonos». La palabra parece alterar (y hacer mofa de) la locución *Moyschele* (pequeño Moisés, Moisecillo); y en ella resuena la palabra *Maus* (ratón). Es el judío. El judío expulsado de la tradición y de la herencia, de la promesa, de la casa, de la familia, de la esperanza. De la redención. Expulsado de la palabra, y de la Palabra. Es el judío que habita la lengua alemana —un «okupa» consciente de su condición de extranjero, de su exilio—. Esa condición es, para Kafka, el origen de una múltiple imposibilidad: «… imposibilidad de no escribir, imposibilidad de escribir en alemán, imposibilidad de escribir de otra manera, imposibilidad de escribir […], es decir, una literatura imposible por cualquier lado».

La literatura —imposible— de Kafka arranca de todas esas imposibilidades; y de todas las averías que las provocan, que implican al padre, la familia, la herencia, la tradición y la ley, sin duda; pero también la ciudad, la organización, la sociedad o el estado. Y esa literatura es, también, la base de una filosofía imposible —la de Benjamin— que se proyecta sobre la historia y enjuicia el Juicio de Dios (en todos los sentidos del genitivo).

Se ha indicado que el trabajo de Benjamin sobre Kafka es un catalizador. Que a través de él se encuentran —bien para rechazarse, bien para alterarse— diferentes perspectivas de análisis, tanto literario como social y cultural. Gershom Scholem, por ejemplo, volvió frecuentemente a esos textos, nunca viejos, y modificó sus diferidas lecturas. Él, que inscribió a Kafka en la literatura de la redención pendiente, y que, ya desde la década de los treinta del pasado siglo, inducía a sus alumnos a leer a Kafka para entender la mística judía —la Cábala—; y que si no logró (del todo) hacer del narrador checo un cabalista (como el mismo Kafka sugería), sí logró, como sugiere a su vez Harold Bloom, hacer de la Cábala algo kafkiano[17].

---

17   Ha de verse el libro *Gershom Scholem*, editado e introducido por

Pero quizá haya sido Theodor Wiesengrund Adorno quien mejor ha atravesado el erial kafkiano con el mapa del desierto benjaminiano; para no salir de ellos sino hacia una dialéctica negativa que sigue constituyendo un reto: otro páramo, otro yermo que hay que recorrer.

Desde una confidencia incorporada a una —extraordinaria y ya citada— carta de Adorno a Benjamin del diecisiete de diciembre de 1934, a través de *Minima Moralia* (1951) y hasta, al menos, *Apuntes sobre Kafka* (1955), un motivo se prolonga, y se varía, y se potencia: el de una redención imposible que caracteriza a Kafka, se nutre de Benjamin y se impone como lugar mismo de la filosofía: de una filosofía responsable.

En la mencionada carta escribe Adorno: «... quisiera remitirle a mi antigua y primera tentativa —que ha quedado ya nueve años atrás— de interpretación respecto a Kafka, en calidad de copia fotográfica de la vida terrena desde la concreta perspectiva de lo ya realmente redimido, a partir de la cual no se percibe sino

Harold Bloom, en Chelsea House Publishers, New York, 1987; así como su libro *Kafka, Freud, Scholem 3. essays*, Stroenfeld / Rote Stern, Frankfurt, 1990.

el asomar del negro pico de los pliegues del paño de la cámara, mientras que la horrible posición del desplazado sesgo de la imagen es la óptica propia de esa cámara una vez situada oblicuamente; no será necesario añadir nada en lo que hace a dicha coincidencia, aunque desde luego sus análisis van señalando mucho más allá de lo que fuera aquella concepción»[18].

Lo que hace ya nueve años (recordemos que la carta es de 1934) comenzó a propósito de Kafka, llega hasta la exploración del infierno —«Infierno desde la perspectiva de la Redención»— en las *Anotaciones* de 1955[19]. Pero quizá lo más importante sobreviene *Zum*

18 Sólo hay que recordar el lugar de «lo redimido» (en su caso «humanidad redimida») que, a partir de la tercera de las consideraciones, o tesis, se impone al texto completo *Sobre el concepto de historia* (1940), para apreciar ciertas reverberaciones.

19 No ha de olvidarse —pero tampoco se puede explorar aquí— que para el Benjamin *tardío*, el de la *Obra de los Pasajes*, la obra de Kafka, «por ejemplo en *El Proceso*», expresa el estado de la modernidad «como aquello que es nuevo en el contexto de lo ya-siempre-ahí-sido» [S 1, 4]; y que «La "moderna" es la era del infierno, sus penas revelan lo novísimo que se da cada vez en ese espacio. Claro que con ello no se trata de que ahí se dé "siempre-ya-lo mismo", ni de que pueda hablarse en este caso de un eterno retorno inevitable. Lo que sucede es que la faz del mundo nunca queda alterada en lo novísimo, pues lo novísimo siempre sigue

Ende. El parágrafo 153 de *Minima moralia*, el que cierra ese imprescindible libro, comienza... «*Para terminar.-* El único modo que aún le queda a la filosofía de responsabilizarse a la vista de la desesperación es intentar ver las cosas tal como aparecen desde la perspectiva de la redención. El conocimiento no tiene otra luz iluminadora del mundo que la que arroja la idea de la redención: todo lo demás se agota en reconstrucciones y se reduce a mera técnica. Es preciso fijar perspectivas en las que el mundo aparezca trastrocado, enajenado, mostrando sus grietas y desgarros, menesteroso y deforme en el grado en que aparece bajo la luz mesiánica».

El comienzo, el viejo comienzo a propósito de la literatura de Kafka que pasa a través de Benjamin y se impregna de su aroma, se convierte aquí, para no terminar, en tarea de la filosofía. En su único ejercicio posible, o en su único ejercicio honesto; que, en una pirueta dialéctica implacable (e impecable), bloquea la

siendo lo mismo en cada una de sus partes. Esto constituye justamente la eternidad que es propia del infierno. Determinar en su totalidad los rasgos en que surge lo "moderno" es mostrar el infierno estrictamente» [S 1, 5].

redención misma (o la deja en suspenso) sin renunciar al rigor de su doctrina, o al eco difer(i)ente de su ya extraña voz: «Cuanto más afanosamente se hermetiza el pensamiento a su ser condicionado en aras de lo incondicionado es cuando más inconsciente y, por ende, fatalmente sucumbe al mundo. Hasta su propia imposibilidad debe asumirla en aras de la posibilidad. Pero frente a la exigencia que de ese modo se impone, la pregunta por la realidad o irrealidad de la redención misma resulta poco menos que indiferente».

FINAL (EN PRINCIPIO)

Escenario de tensiones que se prolongan sin resolverse, los textos de Benjamin sobre Kafka reclaman, hoy como hace noventa años, atención múltiple; tanta como la obra del propio Kafka, que se impone más allá del centenario de su muerte. Ambos —Kafka y Benjamin— fatigaron desiertos, ambos experimentaron el desvío y el desvarío, el delirio; ambos fueron habitantes del exilio. Ambos, ante puertas amenazantes y guardianes acaso hostiles, probaron la imposibilidad de entrar, la imposibilidad de salir. De la historia, del mito, de la ciudad, de la ley, con o sin mayúscula. «Nadie más podía conseguir aquí el permiso, pues esta entrada sólo estaba destinada a ti. Ahora me iré y la cerraré».

Esta entrada, o esta salida... Resulta poco menos que indiferente.

WALTER BENJAMIN

Escritos sobre Kafka

FRANZ KAFKA
en el décimo aniversario
de su muerte

Benjamin redactó *Franz Kafka, en el décimo aniversario de su muerte* en 1934 por encargo de periódico *Jüdische Rundschau*, que lo publicaría parcialmente. Las notas del presente texto proceden del editor alemán, salvo las marcadas con asterisco, que son del traductor. [Texto en *Obras*, II-2, pp. 9-40, Abada, 2009.]

Un relato cuenta lo siguiente[I]: Potemkin sufría graves depresiones, que se repetían a intervalos más o menos regulares, durante las cuales nadie podía acercársele, estando terminantemente prohibido entrar en su habitación. En la corte su enfermedad ni se mencionaba, porque todos sabían que quien aludiera a ella caería en desgracia ante Catalina, la gran emperatriz. Una de las depresiones del canciller vino a durar más de lo habitual, y las consecuencias eran graves: en los registros se acumulaban actas cuya tramitación, imposible sin la firma de Potemkin, reclamaba la zarina. Los altos fun-

---

I   Según parece, el cuento procede de Pushkin.

cionarios no sabían qué hacer. En ese momento, un insignificante ordenanza llamado Shuvalkin fue a dar casualmente a la antecámara del palacio del canciller, donde los consejeros estaban reunidos, como siempre para lamentarse. «¿Qué es lo que sucede? ¿Qué podría hacer por Sus Excelencias?», preguntó Shuvalkin obsequioso. Entonces le explicaron lo que pasaba y se disculparon por no hacer uso de sus servicios. «Si eso es todo», respondió Shuvalkin, «denme las actas, señores, se lo ruego». Como nada tenían que perder, los consejeros aceptaron, y Shuvalkin, con las actas bajo el brazo, recorrió las galerías y pasillos que conducían al dormitorio de Potemkin. Sin pedir permiso para entrar, y sin ni siquiera detenerse, Shuvalkin abrió la puerta, que no estaba cerrada. A media luz Potemkin estaba sentado encima de la cama, mordiéndose las uñas, vestido con un raído camisón. Shuvalkin se acercó al escritorio, mojó la pluma y, sin decir palabra, la colocó en la mano de Potemkin depositando las actas en sus rodillas. Tras dirigir una ausente mirada al intruso, Potemkin fue firmando todas aquellas actas, como en sueños. Una vez recogida la última de ellas, Shuvalkin volvió a salir sin formalismos, llevando los dossieres bajo el brazo, tal como se había presentado, y entró triunfante en la antecámara, agitando las actas en sus manos. Los consejeros se abalanzaron sobre él y le arrebataron los papeles, comenzando al punto a examinarlos, conteniendo el aliento. Ninguno pronunció ni una palabra; todo el grupo se había quedado de piedra. Shuvalkin, de nuevo, se acercó hasta ellos, y preguntó, obsequioso, nuevamente, cuál era la causa de su pasmo. Su mirada cayó sobre la firma, siempre igual en cada una de las actas: Shuvalkin y Shuvalkin y Shuvalkin...

Esta historia es igual a un mensajero que se adelanta en doscientos años a la obra de Kafka. Y el enigma que ella nos plantea es también su enigma. El mundo de oficinas y registros y habitaciones oscuras y malolientes es el mundo de Kafka. Y el servicial Shuvalkin, que se toma todo a la ligera y que al final se queda con las manos vacías, es el K. kafkiano. Y así, Potemkin, que vegeta solo, adormecido, en la habitación más escondida en la que está prohibido penetrar, es sin duda un antepasado de esos potentados que viven en Kafka como los jueces que habitan las buhardillas o los secretarios del castillo y que, aunque se hallen muy arriba, están hundidos (mejor, se están hundiendo), si bien pueden emerger súbitamente manteniendo intacto su poder, en las más bajas y depravadas de sus figuras (en los porteros y funcionarios más seniles). ¿Qué carga les obliga a vegetar? ¿Serán ellos quizá los descendientes de los viejos Atlantes, que soportan encima de los hombros el globo terráqueo? ¿Está por eso su cabeza «tan hundida en el pecho que ni se ven los ojos»[2], como le sucede al castellano cuando se describe su retrato o también a Klamm cuando está solo? Sin duda, no es el mundo lo que cargan, pero hasta la cosa más sencilla viene a pesarle tanto como él: «Su cansancio es el que siente el gladiador terminado el combate; y su trabajo ha sido ir pintando de blanco un rincón del despacho en donde se aloja un funcionario»[3]. Georg Lukács dejó dicho: para hacer hoy tan sólo una mesa decente, hay que poseer el genio arquitectónico que tuvo Miguel Ángel[4]. Mientras Lukács piensa en períodos de tiempo, Kafka está pensando, por su parte, en edades del mundo. Pues edades del mundo ha de mover el hombre para poder pintar, y hasta para hacer el gesto más simple. Los personajes de Kafka se ven batiendo palmas muchas veces, y muy a menudo por

2   Franz Kafka, *Das Schloss. Roman*, Múnich, 1926, p. 11.

3   Franz Kafka, *Beim Bau der Chinesischen Mauer. Ungedruckte Erzählungen und Prosa aus dem Nachlass*, ed. Max Brod y H. J. Schoeps, Berlín, 1931, p. 231 (*Consideraciones sobre el pecado, el sufrimiento, la esperanza y el camino verdadero*, aforismo 34).

4   Citado en: Ernst Bloch, *Geist der Utopie*, Múnich y Leipzig, 1918, p. 22.

motivos extraños. Sin embargo, como se anota de pasada, esas manos, propiamente dichas, «son ya martinetes de vapor»[5].

Entramos en contacto con estos peculiares potentados moviéndose de modo lento e incesante, ascendiendo o hundiéndose. Mas nunca son más temibles que cuando se alzan de las depravaciones más profundas: esto es, desde los padres. El hijo tranquiliza al padre, que está senil y torpe, al que acaba de acostar con delicadeza: «"No te preocupes, estás bien tapado". "¡No!", exclamó el padre interrumpiéndole, y se quitó la manta con tanta fuerza que, por un instante, se desplegó en el aire por completo y se puso de pie sobre la cama. Sólo con una mano se apoyaba levemente en el techo. "Tú querías taparme, lo sé, hijito, pero no estoy tapado todavía. Y aunque éstas ya fueran mis últimas fuerzas, son demás para ti, son demasiado ... Por fortuna, a un padre no hay que enseñarle a leer en los pensamientos de su hijo" ... Su padre se encontraba así, de pie sin apoyarse en nada, y movía las piernas, todo radiante de conocimiento ... "Ahora ya sabes qué hay fuera de ti; sólo de ti sabías hasta ahora. Eras, pro-

5   Franz Kafka, *Ein Landarzt. Kleine Erzählungen*, Múnich y Leipzig, 1919, p. 35 (*En la galería*).

piamente, un niño inocente, pero, más propiamente todavía, un hombre diabólico"»[6]. El padre que se sacude el peso de la manta con él se sacude el peso del mundo. Ha de poner en movimiento las eras del mundo para darle vida y consecuencia a la arcaica relación de padre-hijo. ¡Y qué consecuencias! El padre condena al hijo a morir ahogado[7]. El padre castiga. Pues la culpa le atrae como a los funcionarios judiciales. Hay bastantes indicios sobre que el mundo de los funcionarios y el mundo de los padres son el mismo mundo para Kafka. Pero esta semejanza no es sin duda un honor para ellos: torpeza, depravación y suciedad son sus ingredientes. El uniforme del padre exhibe muchas manchas; y su ropa interior nunca está limpia[8]. También la suciedad es elemento vital del funcionario. «Ella no podía comprender de qué servía todo aquel trasiego. "Para ensuciar la escalera", le contestó una vez un funcionario, probablemente enfadado, pero a ella esa respuesta le resultó bastante convincente»[9]. La suciedad a tal punto es atributo de los funcionarios que

6   Franz Kafka, *Das Urteil. Eine Geschichte*, Leipzig, 1916, pp. 22, 23, 24 y 28.

7   *Ibid.*, p. 28.

8   *Ibid.*, p. 20.

9   *Das Schloss*, p. 462.

podríamos quizá considerarlos como unos parásitos gigantes. Esto no se refiere, por supuesto, a las conexiones económicas, sino a las fuerzas de la razón y el humanitarismo de los que este clan vive. Así vive también del hijo el padre en las siempre extrañas familias de Kafka, tumbado sobre él literalmente como un parásito monstruoso. El padre no consume solamente las fuerzas del hijo, sino su derecho a la existencia. El padre, quien castiga, es al mismo tiempo quien acusa. Y el pecado que el padre atribuye a su hijo parece ser un pecado hereditario. A nadie puede aplicarse mejor que a los hijos la definición que nos da Kafka del pecado heredado: «La falta hereditaria, el viejo crimen que el ser humano ha cometido, consiste en el reproche que el ser humano hace y al que jamás renuncia: que se ha hecho con él una injusticia, que en él se ha cometido el que es el pecado hereditario»*. Y ¿a quién se acusa de éste, del pecado de haber hecho un heredero, sino al padre a través del hijo? Con ello, el pecador sería el hijo. De la frase de Kafka no puede inferirse sin

---

* *Beim Bau der Chinesischen Mauer*, p. 218 (*Él*). La expresión «pecado hereditario» es versión literal (exigida aquí por el contexto en que aparece) de la alemana *Erbsünde*, que significa «pecado original». [N. del T.]

embargo que esa acusación es pecaminosa por errónea.
Kafka no dice en ninguna parte que la acusación resulte
injusta. Aquí se halla pendiente un proceso incesante,
y ninguna causa puede acarrearse peor fama que esa
causa para la que el padre reclama la solidaridad del
funcionario, de las oficinas judiciales. Lo peor en ellos
no es su corruptibilidad ilimitada. Pues su núcleo es de
tal especie que su condición de sobornables viene a ser
la única esperanza que el humanitarismo puede abrigar
en su presencia. Cierto es que los tribunales disponen
de leyes, pero también que no nos dejan verlas: «"… es
propio de este sistema judicial que uno es condenado
no sólo inocente, sino además, siendo ignorante"»; así
sospecha K[10]. En el pasado más remoto, las leyes y las
normas no eran escritas, por lo que era posible trans-
gredirlas sin darse cuenta de ello y provocar así la penitencia. Y aunque la penitencia sea sin duda un infortu-
nio para el ignorante, desde el punto de vista del
derecho la imposición de la penitencia no es nunca
azar, sino destino, el cual se nos presenta aquí en su
completa ambigüedad. Ya dijo Hermann Cohen en
una observación ocasional sobre la idea antigua de destino que «se hace insoslayable conocer» que «son sus

10   Franz Kafka, *Der Prozess. Roman*, Berlín, 1925, p. 85.

propios órdenes los que parecen ocasionar y provocar su misma defección»[11]. Y eso mismo sucede con la jurisdicción cuyo procedimiento se vuelve contra K.: ella nos hace retroceder de pronto, más allá de la Ley de las Doce Tablas, a un concreto pasado sobre el cual una de las victorias más audaces fue el derecho escrito. Ciertamente, aquí está el derecho escrito ya en las leyes, pero permanece ahí, oculto, y, basándose en ellas, ejerce el pasado más remoto su poder de forma ilimitada.

En Kafka, lo que pasa en la oficina, como lo que pasa en la familia, tienen muchos puntos de contacto. En el pueblo de la montaña del castillo se dice algo ejemplar a este respecto. «"Aquí hay un dicho que tal vez conozcas: *Las decisiones oficiales son medrosas, como lo son las chicas*". "Es una buena observación", repuso K., ... "y me parece que no estaría mal que las decisiones poseyeran todavía otras cualidades en común con ellas"»[12]. Cabe en consecuencia suponer que la más notable de esas referidas cualidades será prestarse a todo, como las chicas medrosas con que K. se encuentra en *El castillo* y *El*

---

11   Hermann Cohen, *Ethik des reinen Willens*, 2ª ed. revisada, Berlín, 1907, p. 362.

12   *Das Schloss*, p. 332.

proceso; unas que se entregan de inmediato en el seno de la familia a la lujuria como si estuvieran en la cama. K. se topa con ellas a cada paso dado en su camino; el resto es tan sencillo como la conquista de la moza en la cantina. «Entonces, se abrazaron; el pequeño cuerpo estaba ardiendo en las manos de K.; rodaron luego unos pasos más, en una inconsciencia de la que K. intentaba salir continuamente, por más que sin éxito; golpearon sordamente en la puerta de Klamm y quedaron tumbados entre pequeños charcos de cerveza y otras inmundicias de que estaba cubierto todo el suelo. Pasaron allí mismo varias horas ... en las que K. no perdió la sensación de haberse extraviado o de estar más lejos de su casa que ningún otro antes, en un país en el que ni siquiera el aire tenía un solo componente del aire que alentaba en su país, en el que habría que ahogarse de extrañeza y en cuyas insensatas seducciones no se podía nada distinto de seguir avanzando, es decir, seguir extraviándose»[13]. Volveremos a oír de esta extrañeza. Pero lo que llama la atención es el que estas mujeres, que se comportan sin más como rameras, no resulten hermosas. En el mundo de Kafka la belleza sólo emerge en los más recónditos lugares: por ejemplo, en los acusados. «"Esto es un

---

13   *Ibid.*, pp. 79-80.

fenómeno notable, propio en cierto sentido de lo que son las ciencias naturales ...; no puede ser la culpa lo que los vuelve bellos ...; tampoco puede ser el castigo correcto lo que ya ahora nos los vuelve bellos ...; sólo puede deberse al procedimiento iniciado contra ellos, uno que, de algún modo, se les queda adherido"»[14].

De *El proceso* se desprende que este procedimiento suele carecer en todo caso de esperanza para los acusados, incluso en el caso de que sigan teniendo la esperanza de resultar absueltos. Y esta desesperanza podría ser la causa de que los acusados sean los únicos personajes de Kafka en que se manifiesta la belleza. Al menos, esto vendría a concordar con el fragmento de una conversación que conocemos gracias a Max Brod: «Recuerdo haber tenido una conversación con Kafka cuyo punto de partida era la Europa actual y la decadencia de la humanidad. "Somos", dijo, "pensamientos nihilistas, ideas de suicidio que se elevan de la cabeza de Dios". Esto me recordó inmediatamente la imagen del mundo propia de la gnosis: para ella Dios es un maligno demiurgo, y el mundo es su pecado original. "¡Oh, no!", dijo Kafka, "nuestro mundo es tan sólo un mal humor de Dios, un día malo". "Por tanto, ¿habría

14 *Der Prozess*, pp. 322-323.

esperanza fuera de él, fuera de esta forma fenoménica
que es lo que nosotros conocemos?". Kafka sonrió y
dijo: "Sin duda habría muchísima esperanza, la habría,
pero no para nosotros"»[15]. Tales palabras van tendien-
do un puente hacia esos extraños personajes de Kafka,
únicos en escapar a la familia, para los que tal vez haya
esperanza. Y no se trata de los animales, ni siquiera
esos cruces o seres por completo imaginarios, como el
cordero-gato u Odradek. Todos éstos siguen hechiza-
dos en el discurrir de la familia. No es casualidad que
Gregor Samsa se despierte, en casa de sus padres, convertido en insecto[16]; no es casual tampoco que el extraño animal mitad gatito y mitad cordero sea herencia del
padre[17]; no es casualidad el que Odradek sea preocupación propia del padre[18]. Mas los «ayudantes», al contrario, ya no forman parte de ese grupo*.

Dichos ayudantes forman parte de un círculo concreto de figuras que recorre entera la obra de Kafka. A

15   Max Brod, «Der Dichter Franz Kafka», en: *Die Neue Rundschau*,
     II (1921), p. 1213.
16   Cfr. Franz Kafka, *Die Verwandlung*, Leipzig, 1915, p. 3.
17   Cfr. *Beim Bau der Chinesischen Mauer*, p. 54 (*Un cruce*).
18   Cfr. *Ein Landarzt*, p. 95 (*La preocupación del padre de familia*).
*   Estos «ayudantes» son unos personajes de *El castillo*. [N. del T.]

su clan pertenecen tanto el timador desenmascarado en *Betrachtung*[19] como el estudiante que aparece en el balcón, de noche, en calidad de vecino de Karl Rossmann[20], o como los locos de esa ciudad del sur que no se cansan[21]. Esa media luz característica en que se encuentra su vida recuerda la oscilante iluminación en que los pequeños textos de Robert Walser (autor de la novela *El ayudante*, que apreciaba Kafka enormemente) van presentando a sus personajes*. Leyendas procedentes de la India hablan de los gandharvas, seres inacabados en estadio de niebla. Pues de ese tipo son los ayudantes de Kafka; no pertenecen a ninguno de los otros círculos de figuras, mas no son ajenos a ninguno de ellos: son los mensajeros que se mueven entre unos y otros. Se parecen, como dice Kafka, a Bernabé, y éste es un mensajero[22]. Los ayudantes no han salido por

---

19 Cfr. Franz Kafka, *Betrachtung*, 2ª ed., Leipzig, 1915, pp. 17-26 (*Desenmascaramiento de un timador*).

20 Cfr. Franz Kafka, *Amerika. Roman*, Múnich, 1927, p. 343.

21 Cfr. *Betrachtung*, pp. 15-16 (*Niños en la carretera*).

* Cfr. Robert Walser, *Der Gehülfe*, Berlín, 1908. Sobre este autor, véase en el volumen II/1 de esta edición de las obras completas de Walter Benjamin el artículo titulado *Robert Walser*, que es de 1929. [N. del T.]

22 Cfr. *Das Schloss*, pp. 41 y 50-51.

completo del seno materno de la naturaleza, «instalados en un rincón del suelo, sobre dos viejas faldas. Su ambición era ... ocupar la menor cantidad posible de espacio, para lo cual realizarán varios intentos acompañados de cuchicheos y risitas, acurrucándose con brazos y piernas cruzados, viéndose al crepúsculo en su rincón sólo un gran ovillo»[23]. Pues la esperanza existe para ellos y para sus iguales, para los inacabados y los torpes.

Lo que de un modo amable va saliendo a la luz en la actuación de dichos mensajeros es, de forma lúgubre y pesada, ley en todo este mundo de creaturas. Ninguna tiene fijo su lugar, ni un contorno fijo, inconfundible: todas están cayendo o ascendiendo; todas se intercambian con su enemigo o bien con su vecino; todas han consumado por entero su tiempo y, sin embargo, aún son inmaduras; todas ellas se encuentran hondamente agotadas, aunque sólo se encuentren al principio de una aún larga vida. Pero aquí no es posible hablar de órdenes ni de jerarquías. Pues el mundo del mito, que invitaría a hacerlo, es mucho más joven que el mundo de Kafka, uno al que ya el mito prometió la redención. Sólo sabemos esto: Kafka no atendió la tentación del mito. Como siendo otro Ulises, la dejó resbalar «por

23   *Ibid.*, p. 84.

sus miradas, dirigidas a la lejanía; y las sirenas desaparecieron confrontadas a su resolución; y cuando estaba más cercano a ellas, él ya no sabía nada de ellas»[24]. Entre los antepasados que Kafka sin duda tiene en la Antigüedad, el judío y el chino, de los que hablaremos más abajo, no hay que olvidar por ello a este griego. Y es que Ulises se encuentra en el umbral que separa al mito respecto del cuento. La razón y la astucia le han añadido sus fintas al mito, cuyos poderes dejan por lo tanto de ser invencibles. El cuento es el relato de la victoria lograda sobre ellos. Y Kafka escribió cuentos para los dialécticos cuando abordaba sus leyendas. En ellas introdujo sus pequeños trucos; y luego, de ellas extrajo la prueba de que «también medios insuficientes o incluso pueriles pueden servir al fin para salvarse»[25]. Así comienza el relato sobre *El silencio de las sirenas* ya que éstas en Kafka se mantienen sumidas en silencio; ellas tienen «un arma más terrible aún que el canto: su silencio»[26]. Y ésta la aplicaron contra Ulises. Pero él, dice Kafka, «era tan astuto, era tan zorro, que ni siquiera la diosa del destino podía penetrar en su inte-

---

24 *Beim Bau der Chinesischen Mauer*, p. 40 (*El silencio de las sirenas*).
25 *Ibid.*, p. 39.
26 *Ibid.*

rior. Tal vez se dio cuenta, aunque esto resulte incomprensible a la razón humana, de que las sirenas estaban calladas, y opuso frente a ellas y los dioses, sólo en cierto sentido a manera de escudo, el simulacro»[27].

Así callan en Kafka las sirenas. Pues quizás en él la música y el canto son una expresión o, al menos, una prenda, para la evasión. Prenda de esperanza que nos queda de ese mundo pequeño e intermedio, a un tiempo inacabado y cotidiano, consolador y estúpido, del que proceden aquellos ayudantes. Kafka es como el chico que se marchó de viaje en el intento de conocer el miedo[*]. Ha ido a dar al palacio de Potemkin, en cuyos tragaluces conoció a Josefina, la rata cantante cuyo arte Kafka viene a describirnos de este modo: «En él se da algo de lo que es la infancia pobre y breve, algo se da de una felicidad tan perdida como irrecuperable, pero también hay algo de una vida activa y actual, con su pequeña alegría, inconcebible, sí, pero existente, y una que es, además, indestructible»[28].

27 *Ibid.*, p. 41.

* El *Cuento de uno que se marchó de viaje para conocer el miedo* es un relato de los hermanos Grimm. [N. del T.]

28 Franz Kafka, *Ein Hungerkünstler. Vier Geschichten*, Berlín, 1924, p. 73 (*Josefina la cantante, o: El pueblo de los ratones*).

Hay una imagen infantil de Kafka: rara vez la «infancia pobre y breve» se ha convertido así en una imagen de una manera más conmovedora. Procede de uno de esos estudios fotográficos típicos del siglo XIX que, con sus cortinajes y palmeras, sus caballetes y sus gobelinos, estaban situados a medio camino entre una cámara de tortura y un salón del trono. Luciendo un traje ajustado y humillante, recargado con pasamanería, el niño, de unos seis años, se encuentra emplazado en una especie de jardín de invierno. Tras él hay unas palmeras. Y como si hubiera que hacer más sofocante todo ese trópico acolchado, lleva el modelo en la mano izquierda un enorme sombrero con el ala muy ancha, como el que suelen usar los españoles. Unos ojos tris-

tísimos dominan el paisaje que les ha sido predeterminado; en él, el pabellón de una gran oreja se encuentra
escuchando.

El ardiente «deseo de convertirse en un indio»
tal vez consumiría esta gran tristeza: «Si uno fuera un
indio, siempre preparado, y atravesara el aire en un
caballo lanzado al galope, estremeciéndose brevemente,
una y otra vez, sobre un suelo que tiembla, hasta dejar
las espuelas, pues no las había, hasta arrojar las riendas,
pues no había riendas, y apenas viera ante sí la tierra
igual que una pradera segada, sin cuello y sin cabeza de
caballo»[29]. Este deseo contiene muchas cosas, y su
cumplirse revela su secreto. Ha tenido lugar sin duda
en América; y que *América* ya es algo especial se desprende del nombre de su héroe. Mientras en las novelas
anteriores el autor no se refiere nunca a él más que
murmurando su inicial, en el Nuevo Mundo el héroe
renace con nombre completo. Así sucede en el teatro
natural de Oklahoma. «Karl vio en una esquina un
cartel que decía lo siguiente: *Hoy se contrata en el hipódromo
de Clayton, desde las seis de la mañana hasta medianoche, personal
para el teatro de Oklahoma. ¡El gran teatro de Oklahoma os llama!*

---

29 *Betrachtung*, pp. 77-78 (*Deseo de convertirse en indio*).

¡Tan sólo hoy, y una vez tan sólo! El que deje pasar esta ocasión la deja-
rá que pase para siempre. Venid con nosotros todos los que penséis en el
futuro. ¡Todos sois bienvenidos! Acudid todos los que quisiérais ser artis-
tas. Porque nosotros somos el teatro que os necesita a todos, y a cada uno
en su lugar. Felicitamos por ello desde ahora a los que hayáis optado por
nosotros. Pero daros prisa en que os admitan antes de medianoche.
Cerraremos a las doce y, después de eso, no volveremos a abrir. ¡Mal-
dito sea el que no nos crea! ¡Poneos ya en camino hacia Clayton!»[30].
El lector de este anuncio es Karl Rossmann, la tercera
y también la más feliz encarnación de K., ese que es
siempre el héroe de las novelas de Kafka. La felicidad le
espera en el teatro natural de Oklahoma, un auténtico
hipódromo, igual que en otros tiempos le había inva-
dido la «infelicidad» sobre la angosta alfombra de su
habitación, por la que iba y venía «como en un hipódromo»[31]. Desde que Kafka escribió sus observaciones
«para que mediten los jinetes aficionados»[32], e hizo
que subiera el «nuevo abogado» por las escaleras del
tribunal «levantando las piernas con firmeza y dando
unos pasos que iban resonando sobre el mármol»[33], e

30   *Amerika*, p. 357.
31   *Betrachtung*, p. 80 (*Infelicidad*).
32   *Ibid.*, pp. 70-74 (*Para que mediten los jinetes aficionados*).
33   *Ein Landarzt*, p. 2 (*El nuevo abogado*).

hizo trotar por el campo dando grandes saltos con los brazos cruzados a sus «niños en la carretera»[34], ya sin duda este personaje le resultaría familiar; y así, de hecho, le puede suceder a Karl Rossmann que, «distraído porque tiene sueño, dé a menudo unos saltos muy exagerados que le quitan el tiempo y no sirven de nada»[35]. Por eso ha de ser en un hipódromo donde llegue Karl Rossmann a la meta de todos sus deseos.

Pero, al tiempo, este hipódromo es también un teatro, cosa que plantea ahí un enigma. El lugar enigmático, y el personaje transparente, sin enigmas, de Karl Rossmann, van juntos. Este personaje es transparente, límpido, sin carácter, en el sentido en que Franz Rosenzweig escribe en *La estrella de la redención* que en China lo que es el ser humano interior «carece de carácter; el concepto de sabio, cuya personificación clásica ... es Confucio, borra todas las particularidades posibles del carácter; es el ser humano verdaderamente sin carácter, el ser humano medio ... Lo que distingue al ser humano chino es algo completamente diferente del carácter: una pureza elemental del sentimiento»[36]. Sea cual fuere el modo como lo interpretemos mediante

34 *Betrachtung*, pp. 12-13 (*Niños en la carretera*).
35 *Amerika*, p. 287.

el pensamiento (esta pureza del sentimiento tal vez sea una balanza especialmente sutil del comportamiento gestual), el teatro natural de Oklahoma remite en todo caso al teatro chino, un teatro gestual. Una de las funciones más significativas de este teatro natural es disolver en lo gestual los acontecimientos. Podemos ir más allá y decir que muchas de las historias menores de Kafka se nos presentan sólo en plenitud una vez trasladadas como actos a lo que es el teatro natural de Oklahoma. Entonces comprendemos con seguridad que toda la obra de Kafka representa un código de gestos que, para el autor, no poseen significado simbólico seguro, por lo que tiene que buscarlo en diversos contextos y a través de diversos experimentos, siendo sin duda el teatro el lugar adecuado para ellos. En un comentario inédito sobre *Un fratricidio*, Werner Kraft presenta agudamente lo que sucede en la pequeña historia como si fuera un acontecimiento escénico. «La obra puede empezar, y es de hecho anunciada, por el sonido de una campanilla. Este sonido se produce de la manera más simple y natural: Wese sale de la casa en la que se encuentra su oficina, pero se dice expresamente que el sonido es "demasiado

36 Franz Rosenzweig, *Der Stern der Erlösung*, Frankfurt am Main, 1921, p. 96.

fuerte para la campanilla de una puerta" y que resuena "por toda la ciudad, hacia el cielo"»[37]. Igual que este sonido, que es demasiado fuerte para la campanilla de una puerta, se eleva hacia el cielo, los gestos que realizan los personajes de Kafka resultan demasiado contundentes para el que es su entorno habitual, y pasan a uno ya más espacioso. Cuanto más crecía la maestría de Kafka, tanto más renunciaba a adaptar estos gestos a situaciones normales, a explicarlos. «"Una costumbre extraña"», se dice en *La metamorfosis*, «"la de sentarse encima del pupitre y hablar desde arriba con el empleado, que además, debido a la sordera del jefe, tiene que acercarse mucho a él"»[38]. Esta clase de justificaciones ya las ha dejado muy atrás *El proceso*. Así, en el penúltimo capítulo, K. se detiene «en los primeros bancos, pero al sacerdote la distancia aún se le hacía demasiado grande; extendió su mano y señaló con el índice, inclinado, un lugar exacto delante del púlpito. K. le obedeció, pero, situado en ese lugar, tuvo que doblar mucho la cabeza hacia atrás para poder ver al sacerdote»[39].

37 Werner Kraft, *Franz Kafka. Durchdringung und Geheimnis*, Frankfurt am Main, 1968, p. 24. La cita de Kafka procede de: *Ein Landarzt*, p. 128 (*Un fratricidio*).
38 *Die Verwandlung*, p. 5.
39 *Der Prozess*, p. 369.

Si Max Brod nos dice: «El mundo de los hechos importantes para él era indeterminable», es bien seguro el que para Kafka lo más indeterminable eran los gestos. Cada uno consiste en un proceso, se podría decir hasta en un drama. Y el escenario en que este drama se presenta es el teatro del mundo, cuyo telón de fondo es el cielo. Por otra parte, este cielo tan sólo es el fondo; estudiarlo de acuerdo con su ley significaría enmarcar todo el fondo pintado del escenario y colgarlo en una galería. Kafka, tras cada gesto, como El Greco, nos presenta el cielo; pero igual que en El Greco (el patrón de los expresionistas) sucedía, el gesto es aquí lo decisivo, el centro mismo de los acontecimientos. Las personas que han oído el golpe producido en la puerta de la finca se encorvan de miedo[40]. Así representaría el miedo un actor chino, pero nadie se asustaría de ese modo. En otro lugar el propio K. hace teatro. Casi sin darse cuenta, cogió «lentamente ... con los ojos girados con prudencia hacia arriba ... uno de los papeles que reposaban sobre el escritorio, lo depositó en la palma de su mano y lo alzó poco a poco, en dirección hacia los señores, mientras él mismo se iba levantando. No pensaba en nada particular, sino que tenía la sensa-

---

40 Cfr. *Beim Bau der Chinesischen Mauer*, p. 51 (*El golpe en la puerta de la finca*).

ción de que tendría que portarse así el día que acabara el gran informe que pudiera exculparlo por completo»[41]. En tanto que animal, este gesto combina lo más simple con lo más enigmático. Muchos pasajes de las historias de animales de Kafka se podrían leer sin darse cuenta de que no se trata de seres humanos. Y cuando das con el nombre del animal (a saber, el del mono, del perro o del topo), levantas asustado la mirada y ves que estás muy lejos del continente humano. Pero es que Kafka lo está siempre; al gesto del humano le quita los apoyos tradicionales, y así obtiene un objeto para inacabables reflexiones.

Curiosamente, estas reflexiones ni siquiera terminan cuando toman como punto de partida las parábolas de Kafka. Piénsese en *Ante la ley*. El lector que se encontró con ella en *Un médico rural** tal vez pudo captar el lugar nublado en su interior. Pero, ¿habría iniciado la serie inacabable de reflexiones que surgen de esta parábola donde Kafka acomete su interpretación? Esto

---

41   *Der Prozess*, pp. 226-227.

*   Kafka publicó *Ante la ley* en 1919 en el volumen titulado *Ein Landarzt*, pero originalmente la había escrito para la novela *El proceso*, que no terminó y que fue publicada por Max Brod póstumamente en 1925. [N. del T.]

sucede mediante el sacerdote, al final de *El proceso*[42], y además en lugar tan destacado que se podría conjeturar que esta novela no es ninguna otra cosa que el despliegue de aquella parábola. Pero decir «despliegue» es muy ambiguo. Mientras el capullo se despliega hasta ser una flor, el barco de papel que hemos enseñado a hacer a un niño se despliega hasta ser una hoja lisa. Este segundo tipo de «despliegue» es el adecuado a la parábola: el placer del lector la va alisando hasta que al fin su significado le resulte evidente. Pero las parábolas de Kafka se despliegan en el primer sentido, como el capullo se convierte en una flor. Por eso, su producto es similar a la poesía. Claro que esto no impide que las obras de Kafka puedan integrarse por completo en las formas de prosa de Occidente y que guarden además con la doctrina la misma relación que se establece entre la *Hagadá* y la *Halajá**. Dichas obras no son alegorías, y no se quieren mantener aisladas; están hechas de modo que podamos citarlas, que las podamos contar para explicarlas. ¿Poseemos por cierto la doctrina que acompañan las parábolas de Kafka y que es explicada en

---

42 *Der Prozess*, pp. 378-388.

* La *Hagadá* es la parte narrativa del Talmud; la *Halajá*, la parte prescriptiva. [N. del T.]

los gestos de K. y en los ademanes de sus animales? Ella, sin duda, no está presente; a lo sumo, podríamos decir que esto o aquello alude a ella. Tal vez Kafka habría dicho: esto y aquello la conservan como una reliquia; pero nosotros podemos aún decir: esto y aquello la preparan como sus precursores. En cada caso se trata de la cuestión de la organización de la vida y el trabajo en lo que es la comunidad humana. El interés de Kafka por esta cuestión aumentaba a medida que le era más difícil comprenderla. Mientras en su célebre conversación en Erfurt mantenida con Goethe Napoleón puso la política en lugar del hado[43], Kafka habría podido definir la organización como destino. Y la organización está ante sus ojos no sólo en las vastas jerarquías de funcionarios de *El proceso* y *El castillo*, sino, más claramente todavía, en los proyectos de construcción más difíciles e incomprensibles, cuyo modelo venerable trata Kafka en *Construyendo la muralla china*.

«La muralla tenía que servir como protección durante siglos; por tanto, la construcción más cuidadosa, la utilización de la sabiduría arquitectónica de

43   Cfr. la conversación de Goethe con Friedrich von Müller del 2 de octubre de 1808: *Goethes Gespräche. Gesamtausgabe*, ed. F. F. von Biedermann, vol. I, Leipzig, 1909, p. 539, n° 1098.

todos los tiempos y de todos los pueblos conocidos, junto al sentimiento duradero de la responsabilidad personal de los constructores eran requisitos indispensables para hacer el trabajo. Para los trabajos inferiores sin duda se podía recurrir a los ignorantes jornaleros del pueblo, hombres, mujeres, niños, todo el que se ofreciera a bajo sueldo; para dirigir a cuatro jornaleros ya hacía falta en cambio un hombre con algunos conocimientos, ya formado en la construcción ... Nosotros (y hablo aquí en nombre de muchos) nos hemos conocido a nosotros mismos al estudiar las órdenes que emanan de la dirección suprema y hemos llegado a la conclusión de que, si no hubiera dirección, ni nuestro saber ni nuestras mentes habrían bastado para el pequeño cargo que ostentábamos en el interior del gran conjunto»[44]. Tal organización se hace sin duda semejante al destino. Metchnikoff, que en su libro *La civilización y los grandes ríos históricos* ha dibujado su esquema, emplea expresiones para ello que pueden ser de Kafka: «Los canales del río Azul y los diques del río Amarillo son con toda verosimilitud un resultado del trabajo organizado de ... generaciones ... El menor descuido al excavar esta o aquella zanja, o al afianzar un dique, la

44 *Beim Bau der chinesischen Mauer*, pp. 10-11 (*Construyendo la muralla china*).

menor negligencia, la actitud egoísta de una persona o un grupo de personas al conservar la riqueza hidráulica común se convierte en la fuente de males sociales y de una muy amplia desdicha social. De ahí resulta que un guarda fluvial exija pronunciando amenazas de muerte la solidaridad más estrecha y permanente entre esas masas de la población, que pueden ser ajenas y hasta hostiles; de ahí que condene a todo el mundo a esos trabajos, cuya utilidad común se manifiesta con el paso del tiempo, y cuyo plan suele ser incomprensible para las personas comunes»[45].

Kafka se consideraba, desde luego, entre las personas comunes, con lo que el límite de la comprensión se le impuso una y otra vez. Pero él se lo impone de buen grado a los otros. A veces parece estar a punto de decir con el Gran Inquisidor de Dostoyevski: «Tenemos un misterio ante nosotros que sin duda no podemos comprender. Y, precisamente, porque es un enigma teníamos el derecho a predicarlo, a enseñar a la gente que lo que importa no es la libertad ni el amor, sino el misterio al que tenemos que someternos sin reflexionar ni cuestionar nuestra conciencia»*. Kafka

---

45 Leon Metchnikoff, *La civilisation et les grands fleuves historiques. Avec une préface de M. Elisée Reclus*, París, 1889, p. 189.

no siempre pudo sustraerse a la tentación del misticismo. De su encuentro con Rudolf Steiner queda una anotación en su diario que, al menos en la forma en que se ha publicado, no contiene la toma de posición de Kafka**. ¿Evitó tomar tal posición? Su manera de proceder frente a sus textos hace que esto sin duda no parezca imposible. Kafka disponía de una fuerza tan intensa como inusual para crear parábolas, pero no se agotó en lo interpretable, sino que fue adoptando todas las medidas imaginables contra la posible interpretación de sus textos. Con precaución, cuidado y desconfianza hay que avanzar a tientas por lo que es su interior. Hay que tener en cuenta el modo mismo en que leía Kafka, cómo lo aplica a la interpretación de sus parábolas. También habrá que recordar su testamento. La disposición con que Kafka ordenó la destrucción de sus escritos[46] resulta muy difícil de estudiar en sus circunstancias más concretas, pero hay que analizarla con

---

* F.M. Dostoyevski, *Los hermanos Karamázov*, libro 5, capítulo 5. [N. del T.]

** Cfr. Franz Kafka, *Tagebücher 1910-1923*, Nueva York y Frankfurt am Main, 1951, pp. 54-58 (anotación del 26 de marzo de 1911). Rudolf Steiner (1861-1925) es el fundador de la Sociedad Antroposófica, que aún hoy existe. [N. del T.]

46 *Der Prozess*, pp. 403-405 (epílogo de Max Brod).

cuidado, igual que las respuestas del portero en el texto de *Ante la ley*. Kafka, que cada día se encontraba ante indescifrables actitudes y órdenes muy vagas e imprecisas, tal vez quiso, al morir, castigar a su entorno con un pago en la misma moneda.

El mundo de Kafka es un teatro del mundo, y su escenario lo ocupa, necesariamente, el ser humano. La prueba es que el teatro natural de Oklahoma contrataba a cualquiera. No hay modo de saber en consecuencia de acuerdo a qué criterios tiene lugar la selección del personal. El talento mismo de actuar, lo primero en que habría que pensar, parece no tener nada que ver. Esto puede decirse de este modo: de los solicitantes no se espera sino un representarse a sí mismos. Y así, que, en caso de necesidad, puedan *ser* lo que están representando no es cosa posible. Con sus papeles, esos personajes buscan de algún modo un acomodo dentro del teatro natural, como los seis personajes de Pirandello van buscando un autor. Este lugar, para ambos, es sin duda el último refugio; pero esto no excluye que eso sea, al fin, la redención. La redención no premia el existir, sino que es la escapatoria última de una persona a la que, tal como lo dice Kafka, «su propio hueso frontal le obstruye el camino»[47]. Y la ley que rige este teatro se encuentra escondida en una frase de *Un informe para una academia*: «... yo imitaba porque buscaba una salida, pero no por ninguna otra razón»[48]. Antes de que acabe su proceso, K. parece tener la intuición de estas cosas. De pronto se dirige a los dos señores con chistera que han ido a recogerlo y les pregunta: «"Pero, ¿en qué teatro actúan ustedes?". "¿Teatro?", preguntó uno de los señores al otro retorciendo la boca. Y el otro se comportó igual que un mudo en lucha con su organismo renitente»[49]. No responden pues a la pregunta, pero hay indicios de que sea correcta.

Sobre un largo banco que cubre un paño blanco se agasaja a los que, desde ahora, forman parte del teatro natural. «Todos estaban alegres y nerviosos»[50]. De repente, unos figurantes aportan unos ángeles a este festejo. Se hallan sobre unos altos pedestales que, recubiertos de paños ondeantes, tienen en su interior una escalera[51]. Los preparativos de una fiesta popular, o quizá también de una fiesta infantil, en la cual la mirada de aquel niño ataviado y agobiado de que antes

---

47 *Beim Bau der Chinesischen Mauer*, p. 213 (*Él*).
48 *Ein Landarzt*, p. 182 (*Un informe para una academia*).
49 *Der Prozess*, p. 393.
50 *Amerika*, p. 382.
51 *Ibid.*, pp. 359-362.

hablábamos por fin habría perdido su tristeza. Si sus alas no estuvieran, como lo están, atadas, esos ángeles podrían ser auténticos. Y también ellos tienen precursores en Kafka. Uno es por ejemplo el empresario que sube hasta la red para equipajes al trapecista víctima del «primer dolor», y luego lo acaricia y aprieta su rostro contra el suyo, «con lo que las lágrimas del trapecista lo dejan empapado»[52]. Otro de esos mismos precursores es el ángel de la guarda o, digamos, el hombre de la guarda, que tras consumarse el «fratricidio» viene a encargarse del asesino Schmar, que, «apretando la boca contra el hombro del hombre de la guarda», es llevado por él rápidamente*. En las fiestas rurales de Oklahoma se termina la última novela de las escritas por Kafka. «En Kafka», ha dicho Soma Morgenstern[53], «predomina siempre un aire de pueblo, igual que en todos los grandes fundadores de las religiones».

---

52   *Ein Hungerkünstler*, p. 13 (*Primer dolor*).
*   *Ein Landarzt*, p. 134 (*Un fratricidio*). Atención al juego de palabras. La alemana *Schutzmann*, palabra que significa «policía», tiene la misma estructura que *Schutzengel*, que significa «ángel de la guarda». Benjamin usa de esta semejanza entendiendo *Schutzmann*, policía, en calidad de «hombre de la guarda». [N. del T.]
53   Esta frase procede de una conversación mantenida por Benjamin con el escritor Soma Morgenstern (1890-1976).

Quizás es lícito recordar aquí la exposición que hace Lao-Tse de su concepto de la devoción, y ello porque Kafka llevó a cabo en *El próximo pueblo* su elaboración más perfecta[54]: «Aunque los países vecinos estuvieran tan cerca / que se oyese el canto de los gallos y el ladrar de los perros de uno y otro lado, / la gente había de morir, anciana, / sin haber cruzado la frontera»*. Hasta aquí Lao-Tse. Kafka también era un autor de parábolas, pero no un fundador de religiones.

Observemos el pueblo que se encuentra al pie de la montaña del castillo, desde el cual se confirma de forma inesperada y enigmática la contratación de K. como agrimensor. Brod menciona en su epílogo a esta novela que, al hablar de este pueblo, Kafka tenía en mente un pueblo real, el de Zürau, en los Montes Metálicos[55]. Pero podemos identificarlo con otro pueblo: el de una leyenda talmúdica que relata el rabino como respuesta a la pregunta de por qué organiza el judío un banquete un viernes de noche. Tal leyenda nos habla de una princesa que languidece en el destierro, muy alejada de sus

---

54   Cfr. *Ein Landarzt*, pp. 88-89 (*El próximo pueblo*).

*   Lao-Tse, *Tao Te King*, n° 80, versos 16-19. [N. del T.]

55   En realidad, Max Brod se lo dijo así a Willy Haas, que lo cuenta en su libro *Gestalten der Zeit*, Berlín, 1930, pp. 183-184.

compatriotas, en un pueblo cuyo idioma no comprende. Llega un día una carta de su prometido, que nunca la ha olvidado y que está de camino en dirección a ella. Y el rabino nos dice que ese prometido es el Mesías, la princesa es el alma, y el pueblo en que se encuentra la princesa, sola y desterrada, sin duda es el cuerpo. Y como esa princesa no puede comunicar de otra manera su alegría al pueblo, que no entiende su idioma, le organiza un banquete. Con ese pueblo del Talmud nos encontramos al hallarnos en medio del mundo de Kafka. Pues, actualmente, el ser humano vive en su cuerpo igual que K. en el pueblo de la montaña del castillo; el cuerpo le es hostil y se le escapa. Puede suceder que una mañana, cuando el hombre despierte, se haya convertido en un insecto*. La extrañeza (la suya) se ha apoderado ya de él. El aire de este pueblo sopla en Kafka, y por eso Kafka nunca cayó en la tentación de fundar una nueva religión. En este pueblo se encuentran la pocilga de la que salen los caballos para el médico rural[56], la sofocante habitación en la

---

*   Alusión a la célebre frase inicial de *La metamorfosis*: «*Als Gregor Samsa eines Morgens aus unruhigen Träumen erwachte, fand er sich in seinem Bett zu einem ungeheueren Ungeziefer verwandelt*». [N. del T.]

56   Cfr. *Ein Landarzt*, pp. 8 y 10 (*Un médico rural*).

que Klamm está sentado ante un vaso de cerveza con un cigarro en la boca[57], y la puerta que trae la ruina a quien la golpea[58]. El aire de este pueblo no está libre de todo lo frustrado y lo ya madurado en demasía, que ahí se mezclan de forma tan malsana. Kafka se vio forzado a respirar ese aire durante toda su vida. No era un adivino ni ningún fundador de religiones. ¿Cómo es que pudo soportarlo?

57   Cfr. *Das Schloss*, p. 69.
58   Cfr. *Beim Bau der Chinesischen Mauer*, p. 51 (*El golpe en la puerta de la finca*).

EL JOROBADO HOMBRECILLO

Hace tiempo se dijo que Knut Hamsun tenía la costumbre de enviar una carta de vez en cuando al periódico del pueblo cerca del que vivía para contarle así lo que pensaba. Allí se celebró en cierta ocasión un juicio con jurado contra una sirvienta que había dado muerte a su recién nacido; fue condenada a una pena de prisión. Poco tiempo después se publicó en el periódico local una carta en la que Hamsun anuncia que le dará la espalda a una ciudad que castiga a una madre que ha matado a su hijo con cualquier pena inferior a la más grave; si no la horca, al menos la cadena perpetua. Pasaron unos años. Luego se publicó *La bendición de la tierra*, donde se incluye la historia de una sirvienta que comete ese crimen, sufre esa condena y, como el lector ve claramente, no habría merecido una más grave.

Las reflexiones póstumas de Kafka de *Construyendo la muralla china*[59] dan pie a que recordemos esta anécdota. Pues nada más publicarse este volumen póstumo se vino a conocer, sobre la base de esas reflexiones, una concreta interpretación de Kafka que se concentra en dichas reflexiones para no tener que preocuparse por sus obras propiamente dichas. Sin duda hay dos caminos para malentender completamente los textos de Kafka. Uno es el que sigue la interpretación natural, y el otro en cambio la sobrenatural. Y es que las dos interpretaciones (la psicoanalítica y la teológica) pasan siempre por alto de igual forma todo lo que en Kafka es esencial. La primera está representada por Hellmuth Kaiser; la segunda lo está por numerosos autores, como H. J. Schoeps, Bernhard Rang o Groethuysen[60].

---

59 Se trata de *Él* y de *Consideraciones sobre el pecado, el sufrimiento, la esperanza y el camino verdadero*.

60 Cfr. Hellmuth Kaiser, *Franz Kafkas Inferno. Psychologische Deutung seiner Strafphantasie*, Viena, 1931; Hans Joachim Schoeps y Max Brod, «Nachwort», en: Franz Kafka, *Beim Bau der Chinesischen Mauer. Ungedruckte Erzählungen und Prosa aus dem Nachlass*, Berlín, 1931, pp. 250-266; H. J. Schoeps, «Unveröffentlichtes aus Franz Kafkas Nachlass», en: *Der Morgen*, 2 de mayo de 1934; Bernhard Rang, «Franz Kafka», en: *Die Schildgenossen*, año 12, nº 2/3, 1932; Bernard

A ellos hay que sumar a Willy Haas, que en otro contexto (del que luego hablaremos) dijo cosas importantes sobre Kafka. Ello no le libró de interpretar toda la obra de Kafka en su conjunto de acuerdo con un esquema teológico. «Kafka expone la fuerza superior, el ámbito de la gracia», dice Haas, «en su novela *El castillo*; y la fuerza inferior, el ámbito del juicio y la perdición, en su novela *El proceso*. La Tierra, entre ambos ámbitos, ... el destino terrenal y sus difíciles exigencias ha intentado exponerlo con severa estilización en su tercera novela, la titulada *América*»[61]. Desde Brod se puede considerar el primer tercio de esta interpretación patrimonio general de la interpretación de Kafka. En este sentido escribe Bernhard Rang: «Si es lícito ver en el castillo la sede de la gracia, ese esfuerzo infructuoso significa (sin duda hablando teológicamente) que el ser humano no puede obtener la divina gracia a voluntad. Inquietud e impaciencia sólo sirven para perturbar el sublime silencio que se corresponde a lo divino»[62]. Esta interpretación resulta cómoda; que es

---

Groethuysen, «A propos de Kafka», en: *La nouvelle revue française*, nueva serie 40, n° 4, 1933.

61   Willy Haas, *Gestalten der Zeit*, Berlín, 1930, p. 175.

62   B. Rang, «Franz Kafka».

insostenible, queda claro a medida que avanza. De ahí, al contrario, que la mayor claridad se produzca tal vez en Willy Haas allí donde declara: «Kafka procede ... de Kierkegaard y Pascal, y de ambos se puede considerár-sele sólo nieto legítimo. Y es que los tres comparten este duro motivo religioso como fundamental: que el ser humano siempre es culpable ante Dios». «El mun-do superior de Kafka, su "castillo", con su tan vasto equipo de funcionarios mezquinos y lascivos y su cielo asombroso, juega de forma terrible con los seres humanos .... y sin embargo el hombre aún es sin duda hondamente culpable hasta ante ese Dios»[63]. Esta peculiar teología retrocede mucho más allá de la doc-trina de la justificación elaborada por Anselmo de Canterbury, hasta unas bárbaras especulaciones que, por lo demás, ni siquiera parecen compatibles con el texto de Kafka. Pues precisamente en *El castillo* podemos leer esto: «"¿Puede un funcionario perdonar por su cuenta? Esto podría ser, en todo caso, un asunto pro-pio de la autoridad general, pero, probablemente, ni siquiera ésta pueda perdonar, sino sólo juzgar"»[64]. De este modo, el camino que se había empezado a recorrer

---

63   W. Haas, *Gestalten der Zeit*, p. 176.
64   *Das Schloss*, p. 414.

ha llegado a su fin bastante pronto. «Todo esto», dice Denis de Rougemont, «no corresponde al estado miserable del que vive sin Dios, sino al estado miserable del que está unido a un Dios que no conoce, y ello porque no conoce a Cristo»[65].

Es bastante más fácil llegar a conclusiones especulativas a partir de la colección de notas póstumas escritas por Kafka que estudiar uno solo de los motivos que aparecen en sus historias y novelas. Pero ellos son los únicos que nos informan sobre las fuerzas antiquísimas que invaden la creación kafkiana; fuerzas a las cuales igualmente podríamos considerar de nuestro tiempo. ¿Quién podría decir bajo qué nombre se presentaron a Kafka? Lo único seguro es lo siguiente: Kafka nunca se orientó por ellas. No las conoció. Sólo vio aparecer en el espejo que el pasado ponía ante sus ojos en forma de culpa al futuro en forma de juicio. Sobre cómo se piense este juicio (¿no es el Juicio Final?, ¿el juez no se convierte en acusado?, ¿el mismo procedimiento no es la pena?) Kafka no nos ha dado ninguna respuesta. ¿Esperaba algo de ella? ¿O su intención más bien era demorarla? En todas las historias que conservamos de

65 Denis de Rougemont, «Le Procès, par Franz Kafka», en: *La nouvelle revue française*, año 22, mayo de 1934 p. 869.

Kafka la épica recupera el significado que tiene puesta en boca de Sheherezade: el retrasar aquello que ha de llegar. El aplazamiento es en *El proceso* la esperanza que abriga el acusado, pero ello si el procedimiento no se volviera poco a poco la sentencia. Pues incluso al Patriarca le conviene un aplazamiento, por más que a cambio tenga que hacer la renuncia a su lugar en la tradición: «Podría imaginar otro Abraham (uno que, por supuesto, no llegaría a patriarca, y que ni siquiera llegaría a vendedor de ropa de segunda mano) que estaría dispuesto a cumplir de inmediato, igual de solícito que un camarero, la exigencia que impone el sacrificio; pero no cumpliría el sacrificio porque no puede irse de su casa, una donde es imprescindible, ya que aún hay cosas por organizar; y es que la casa aún no está acabada, y antes de que la casa esté acabada no se puede ir. Esto lo ve la Biblia, cuando dice: "Puso en orden su casa"»*.

Este Abraham es «solícito, igual que un camarero». Siempre ha habido algo que para Kafka sólo se podía atrapar en el gesto. Y este gesto que él no com-

---

*   Carta de Kafka a Robert Klopstock de junio de 1921 (Franz Kafka, *Briefe 1902-1924*, Nueva York y Frankfurt am Main, 1958, p. 333). La cita de la Biblia procede de Isaías 38: 1. [N. del T.]

prendía es sin duda el lugar de las parábolas, bien cubierto de nubes. De él surge toda su literatura. Ya se sabe que a Kafka no le gustaba nada publicarla; su testamento ordena destruirla. Y dicho testamento, que nadie que estudie a Kafka puede pasar por alto, dice que no estaba satisfecho con su literatura, que la consideraba totalmente fallida, y que él mismo se consideraba entre los que debían fracasar. Lo fracasado fue su enorme intento de trasladar la literatura a la doctrina y devolverle, en tanto que parábola, esa sencillez y consistencia que, teniendo a la vista la razón, consideraba lo sólo decoroso. Ningún otro escritor ha seguido fielmente, como él, el precepto que dice «No te formarás ninguna imagen»*.

«Era igual que si la vergüenza le tuviera que sobrevivir»: con estas palabras termina *El proceso*. La vergüenza, que se corresponde a su «pureza elemental del sentimiento», es sin duda el más fuerte de los gestos de Kafka. Pero, además, tiene un doble rostro: la vergüenza, reacción íntima del hombre, es al tiempo un fenómeno social. La vergüenza no es sólo vergüenza ante los otros, sino que también puede serlo para ellos. La vergüenza de Kafka no es por tanto más personal

* Éxodo 20: 4. [N. del T.]

que la vida y pensamiento que la gobiernan, de los que Kafka ha dicho: «Él no vive debido a su vida personal, no piensa a causa de su pensamiento personal. Para él todo es como si viviera y pensara bajo la coacción de una familia ... Debido a esta familia desconocida ... no pueden despedirlo»[66]. No sabemos cómo está compuesta toda esa incógnita familia de hombres y animales. Sólo sabemos que ella obliga a Kafka a poner en movimiento las edades del mundo al escribir. Siguiendo las instrucciones de dicha familia, Kafka arrastra el bloque del acontecer histórico como Sísifo avanza arrastrando su piedra. Y entonces sucede que la parte inferior de dicho bloque surge al fin a la luz. No es agradable verla, pero Kafka es capaz de soportar su vista. «Creer en el progreso no significa creer que haya tenido lugar ningún progreso. Eso, claramente, no sería creer»[67]. La época de Kafka no significa para él un progreso que se halle más allá de los orígenes. Sus novelas se desarrollan en el seno de un mundo pantanoso. La creatura aparece en el nivel que Bachofen llama «hetáirico». Que ese nivel haya

---

66 *Beim Bau der Chinesischen Mauer*, pp. 217-218.
67 *Ibid.*, p. 234 (*Consideraciones sobre el pecado, el sufrimiento, la esperanza y el camino verdadero*, aforismo 48).

caído en el olvido no significa que no llegue hasta el
presente. Más bien está presente mediante dicho olvido. Una experiencia que profundice más que la experiencia media del burgués tendrá que dar con él.
«Tengo mucha experiencia», dice uno de los textos
de Kafka más antiguos, «y no bromeo cuando digo
que se trata de un mareo en tierra firme»[68]. No es
casual que la primera «observación» tenga pues lugar
desde un columpio[69]. Kafka se explaya inagotablemente
sobre el carácter oscilante de tales experiencias. Cada
una de ellas cede, cada una se mezcla con la contraria.
«Fue en verano», comienza en *El golpe en la puerta de la
finca*, «un día caluroso. Volviendo a casa, pasé con mi
hermana por la puerta de una finca. No sé si ella gol-
peó en la puerta por capricho o por distracción, o si
simplemente amenazó con el puño y no llegó a golpe-
arla»[70]. La mera posibilidad del acontecimiento mencionado en tercer lugar hace que los acontecimientos
precedentes, que al principio parecían anodinos,
adquieran otro aspecto. Es a partir del suelo cenagoso
de dichas experiencias desde donde ascienden las figu-

---

68 Kafka en *Hyperion*, año 2, n° 1, 1909.
69 Cfr. *Betrachtung*, p. 2 (*Niños en la carretera*).
70 *Beim Bau der Chinesischen Mauer*, p. 51 (*El golpe en la puerta de la finca*).

ras femeninas de Kafka. Criaturas pantanosas, como Leni, que «separó los dedos corazón y anular de su mano derecha, entre los cuales la piel casi llegaba a la articulación más elevada del dedo meñique»[71]. Y la ambigua Frieda recuerda su vida anterior mientras que dice: «"Buenos tiempos; por mi pasado nunca has preguntado"»[72]. Tal pasado conduce a la hondura más lúgubre, donde se consuma el apareamiento «cuya opulencia anárquica», por decirlo en palabras de Bachofen, «le resulta odiosa a las fuerzas puras de la luz celeste y justifica la denominación de *luteae voluptates* empleada por Arnobio»*.

Desde ahí podemos comprender la técnica de Kafka en su calidad de narrador. Cuando otros personajes tienen algo que decirle a K., sea lo más importante o lo más sorprendente, lo hacen de pasada, como

71   *Der Prozess*, pp. 190-191.
72   *Das Schloss*, p. 479.
*   Johann Jakob Bachofen, *Versuch über die Gräbersymbolik der Alten*, 1859, en: *Urreligion und antike Symbole. Systematisch angeordnete Auswahl aus seinen Werken in drei Bänden*, ed. C.A. Bernoulli, vol. I, Leipzig, 1926, p. 386. *Luteae voluptates* significa «placeres fangosos». Sobre Bachofen, véase en el volumen II/1 de esta edición de las obras completas de Walter Benjamin el artículo titulado *Johann Jakob Bachofen*, de 1934/35. [N. del T.]

si él debiera ya saberlo desde tiempo atrás. Como si no hubiera nada nuevo, como si al héroe le pidieran simplemente que recordara aquello que ha olvidado. Willy Haas ha acertado al interpretar el desarrollo de *El proceso* en este sentido y decir que «el objeto de ese proceso, el auténtico héroe de ese libro increíble es el olvido ... cuya cualidad determinante es el olvidarse de sí mismo ... El olvido ha quedado convertido en la figura muda que personifica el acusado, una figura de intensidad grandiosa». El que «este centro colmado de misterio» trae procedencia «de la religión judía» es innegable. «La memoria, en tanto devoción, cumple una función bien misteriosa. No es una cualidad más, entre otras, sino que es la más honda, e incluso lo es en Jehová, lo es el que él recuerde, que mantenga una memoria incontestable "hasta la tercera y la cuarta generación", incluso hasta la "centésima"; el acto ... más sagrado ... pues del rito es la cancelación de los pecados del libro que contiene la memoria»[73].

Pero es que lo olvidado, y con este conocimiento nos encontramos aún ante otro umbral en la obra de Kafka, nunca es tan sólo individual. Todo lo olvidado se entremezcla con lo olvidado del pasado y establece

73 W. Haas, *Gestalten der Zeit*, pp. 195-197.

con ello unas innumerables conexiones, inciertas y cambiantes, para así formar nuevos productos. El olvido es el receptáculo desde el que el mundo intermedio inagotable de las historias de Kafka va saliendo a la luz. «Lo copioso del mundo es, para él, lo único real. Todo espíritu ha de ser alguna cosa, algo particular, para obtener aquí un lugar y el derecho a vivir ... Lo espiritual, en la medida en que aún desempeña una función, se convierte en espíritus. Y los espíritus se convierten en individuos ya completamente individuales, dotados con nombre y además estrechamente unidos con el nombre del adorador ... Con su copiosidad se sobrellena sin vacilar, la que es propia del mundo ... Al carecer de preocupaciones aumenta la aglomeración de los espíritus; ... los espíritus nuevos se suman continuamente a los antiguos, todos separados unos de otros mediante nombres propios»[74]. Por supuesto que aquí no se está hablando de Kafka, aquí se habla de China. Franz Rosenzweig describe con aquellas palabras en *La estrella de la redención* el culto chino de los antepasados. Indeterminable, como lo es el mundo de los hechos más trascendentales, es también para Kafka el mundo

---

[74]   F. Rosenzweig, *Der Stern der Erlösung*, pp. 76-77.

propio de sus antepasados; y resulta seguro que ese mundo, al igual que los árboles totémicos de los primitivos, descendía hasta los animales. Por lo demás, el animal no es sólo en Kafka receptáculo de todo lo olvidado. En el relato de Tieck *Eckbert el rubio*, el olvidado nombre de un perrito (Strohmian) resulta ser la clave de una culpa enigmática*. Así sin duda se puede comprender el que Kafka nunca se cansara de sonsacar a los animales lo olvidado. Los animales no son pues la meta, pero sin ellos no puede avanzar. Piénsese al efecto en el «artista del hambre», que «propiamente sólo era un obstáculo en el camino hacia los establos»[75]. ¿No vemos cavilar a los animales de *La construcción* y de *El topo gigante* cuando los vemos cavar?[76] Y sin embargo esta idea es descabellada desde otro punto de vista; indecisa, se columpia de una preocupación a otra, prueba todos los miedos y muestra la inconstancia de la desesperación. Así que también en Kafka hay mariposas; el «cazador Gracchus», el culpable que nada quiere saber sobre su culpa, «"se ha convertido en una mariposa"».

---

*   Ludwig Tieck (1773-1853), *Der blonde Eckbert*, 1797. [N. del T.]
75   *Ein Hungerkünstler*, p. 47 (*Un artista del hambre*).
76   Cfr. *Beim Bau der Chinesischen Mauer*, pp. 77-130 (*La construcción*), y pp. 131-153 (*El topo gigante*).

«"No se ría", dice el cazador»[77]. En conjunto, está claro que de todas las creaturas figuradas por Kafka siempre vienen a ser los animales las que más reflexionan. Lo que es la corrupción en el derecho, en el pensar de los animales es el miedo. El miedo echa a perder los acontecimientos, pero es lo único en ellos que nos da esperanzas. Dado que la extrañeza más olvidada es nuestro propio cuerpo, se entiende que Kafka llamara normalmente «el animal» a la tos que surgía en su interior[78]. Pues esa tos era la avanzadilla de la gran manada.

El bastardo más extraño que el pasado ha engendrado con la culpa en la obra de Kafka es Odradek. «A primera vista parece ser un carrete de hilo chato y con forma de estrella; se diría, de hecho, que está recubierto con el hilo; pero tienen que ser segmentos de hilo desgarrados y viejos, de tipos y colores diferentes, y no sólo anudados, sino muy enredados además. Ahora bien, Odradek no es tan sólo un carrete, sino que del centro de la estrella sale una varilla transversal; a esta varilla se suma, formando ángulo recto, otra varilla.

77 *Beim Bau der Chinesischen Mauer*, p. 47 (*El cazador Gracchus*).
78 Cfr. *ibid.*, pp. 121-122 (*La construcción*), así como p. 261, nota 17 (*Epílogo*).

Con ayuda de esta última varilla en un lado y de uno de los rayos de la estrella en el otro, puede erguirse el conjunto como sobre dos patas»[79]. Odradek «vive alternativamente en el desván, en la escalera, en los pasillos y en el vestíbulo»[80]. Así pues, Odradek prefiere ocupar idénticos lugares que aquel tribunal que investiga la culpa. Los suelos son el lugar de los trastos desechados, olvidados. Y es que, tal vez, quizá la obligación de comparecer ante el tribunal provoque un sentimiento similar que la obligación de ocuparse de baúles que llevan años cerrados en el suelo. Lo mejor sería aplazar aquella empresa hasta el final de los días, tal como K. encuentra que resulta adecuado su alegato «para, después de la jubilación, entretener al espíritu que se ha vuelto pueril»[81].

Odradek es la forma que las cosas adoptan en el olvido. A saber: están desfiguradas. Desfigurada «la preocupación que corresponde al padre de familia», que nadie sabe qué es[82]; desfigurado el insecto, del que demasiado bien sabemos que es quien representa a

79   *Ein Landarzt*, pp. 96-97 (*La preocupación del padre de familia*).
80   *Ibid.*, p. 99.
81   *Der Prozess*, p. 222.
82   *Ein Landarzt*, pp. 96-97 (*La preocupación del padre de familia*).

Gregor Samsa[83]; desfigurado ese animal enorme, mitad cordero, mitad gato, para el que tal vez «el cuchillo del carnicero equivaldría a la liberación»[84]. Estos personajes de las obras de Kafka se encuentran ligados, por una larga serie de figuras, con el prototipo de la desfiguración, que es concretamente el jorobado. Entre los gestos propios de los relatos de Kafka, ninguno se hace más habitual que el gesto del hombre que hunde la cabeza contra el pecho. Esto lo hace el cansancio, bien visible en el grupo que forma el tribunal[85], el ruido en los porteros del hotel[86], la cubierta inferior en los visitantes de la galería[87]. En el relato *En la colonia penitenciaria*, las autoridades utilizan una vieja máquina que graba letras en la espalda de los culpables y va aumentando estampaciones y ornamentos hasta que dicha espalda queda clarividente por completo y puede descifrarse su escritura; una a partir de cuyas letras averigua el nombre de su culpa[88]. Así pues, es la espalda quien carga todo el peso. Y así ha sido en Kafka desde antiguo. Por

---

83 *Die Verwandlung*, p. 3.
84 *Beim Bau der Chinesischen Mauer*, p. 56 (*Un cruce*).
85 Cfr. *Der Prozess*, pp. 208 y 288.
86 Cfr. *Amerika*, p. 193-196.
87 Cfr. *Der Prozess*, p. 65.
88 Cfr. Franz Kafka, *In der Strafkolonie*, Leipzig, 1919, pp. 28-29.

ejemplo, en una de las primeras anotaciones del diario: «Para estar más pesado, algo que me parece bueno para dormirse, crucé los brazos y puse las manos sobre los hombros, de modo que estaba tumbado como un soldado que lleva mucha carga»[89]. De manera palmaria, el cargar con un peso está aquí unido al olvido completo (del que duerme). De esto mismo nos habla la canción popular que se titula *El jorobado hombrecillo*. Y es que dicho hombrecillo se nos revela como el habitante de la vida como desfigurada; desaparecerá sólo en el tiempo en que llegue el Mesías, sobre el cual ha dicho un gran rabino que no cambiará el mundo con violencia, sino que apenas lo retocará.

«Cuando voy a mi cuartito / para hacer mi camita, / un jorobado hombrecillo / me hace oír su risa»[90]. Se trata de la risa de Odradek, de la que dice Kafka: «Suena como el susurro de las hojas caídas»[91]. «Cuando en mi banquito me arrodillo / y me pongo a rezar junto a mi cama, / un jorobado hombrecillo /

---

89 *Tagebücher*, p. 76 (anotación del 3 de octubre de 1911).
90 Versos 25-28 de la canción infantil alemana *Das buckliche Männlein* (*El jorobado hombrecillo*), en: *Des Knaben Wunderhorn. Alte deutsche Lieder gesammelt von L. A. von Arnim und Clemens Brentano*, vol. 3, Heidelberg, 1808, p. 297.
91 *Ein Landarzt*, p. 100 (*La preocupación del padre de familia*).

comienza con su charla. / Te lo ruego, hijo mío, / reza también por este jorobado hombrecillo»[92]. De este modo termina la canción popular. En sus profundidades toca Kafka el fondo que ni el «saber mítico intuitivo»[93] ni la «teología existencial» podrían otorgarle. Y ése es el fondo de ambos pueblos, del alemán como del judío. Si Kafka no rezaba (cosa que no sabemos), sí era propio de él eso que denomina Malebranche «oración natural del alma»: la atención. Y en ella introdujo, como los santos en sus oraciones, a todas las creaturas.

92 Versos 29-34 de *Das buckliche Männlein*.
93 Alusión al epílogo de H. J. Schoeps y Max Brod a *Beim Bau der Chinesischen Mauer*, p. 255.

Cuentan que una tarde de *sabbat* los judíos estaban reunidos en una triste posada de un pueblo hasidista. Todos eran de allí salvo uno al que nadie conocía, un tipo muy pobre y harapiento, sentado al fondo, en un rincón oscuro. La conversación pasó por muchos temas. De pronto uno propuso que cada cual dijera qué querría si pidiera un deseo. Uno quería dinero; otro, un yerno; un tercero, un nuevo banco de carpintero... Al final, quedaba por hablar solamente el mendigo del rincón. Y también él, a regañadientes dijo por fin lo que desearía: «Querría ser un rey poderosísimo, mandar un país enorme, y mientras durmiera, por la noche, dentro de mi palacio, el enemigo nos invadiría; y algo antes del amanecer los enemigos llegarían al castillo, que no ofrecería resistencia. Me despertaría con el susto y no tendría tiempo de vestirme, y huiría así, en camisón, atravesando las montañas y los valles, escapando por bosques y colinas, andando sin descanso, día y noche, para llegar sano y salvo hasta este banco, en vuestro rincón. Eso deseo». Los demás se miraban sin entender. «¿Qué tienes de ese deseo?», preguntó entonces uno. «Un camisón», le respondió el mendigo[94].

Esta historia se adentra enteramente en las profundidades del mundo de Kafka. Nadie nos dice que las desfiguraciones que el Mesías ha de retocar sean tan sólo las de nuestro espacio. También serán las de nuestro tiempo. Kafka lo pensó así, sin duda, y desde esa certeza hizo decir a su abuelo: «"La vida es sorprendentemente breve. Se me comprime tanto en el recuerdo que apenas comprendo cómo un joven puede tomar la decisión de ir a caballo hasta el próximo pueblo sin temerse que, al margen de los desdichados incidentes, el tiempo de la vida habitual y tranquila no baste para el viaje"»[95]. Hermano de este anciano es el mendigo, ese que en su «vida habitual» no tiene tiempo ni para un

94   Es un chiste judío, habitual en la época de Benjamin.
95   *Ein Landarzt*, pp. 88-89 (*El próximo pueblo*).

deseo, mientras que en la vida desdichada, en la fuga a que se lanza con su historia, se ve dispensado de ese deseo y lo cambia por el cumplimiento.

Entre las creaturas de Kafka existe un clan que cuenta de manera peculiar con la brevedad de la vida. Éstos proceden de la «ciudad del sur ... de la que ... se decía:

"— ¡Allí sí hay gente rara! ¡Imaginaos, no duermen!".

"— ¿Por qué no?".

"— Porque no se cansan".

"— ¿Por qué no?".

"— Porque están chiflados".

"— Pero, ¿los chiflados no se cansan?".

"— ¡Cómo iban a cansarse los chiflados!"»[96].

Comprendemos así que los chiflados están directamente emparentados con los infatigables ayudantes. Pero este clan va más allá. De pasada se dijo que los rostros de los ayudantes siempre hacían pensar «"en gente joven, casi en estudiantes"»[97]. Y, en efecto, los estudiantes, que en las obras de Kafka se aparecen siempre en los lugares más extraños, son los portavoces que

---

96 *Betrachtung*, pp. 15-16 (*Niños en la carretera*).
97 *Das Schloss*, p. 270.

dirigen este extraño clan. «"¿Cuándo duerme usted?", preguntó Karl seriamente asombrado al estudiante. "¡Sí, dormir!", dijo el estudiante. "Dormiré cuando acabe mis estudios"»[98]. Hay que pensar en los niños: no les gusta nunca irse a la cama, pues, mientras duermen, cualquier cosa podría suceder, algo de lo más interesante. «¡No olvides lo mejor!», dice una conocida observación «que nos es familiar desde una imprecisa cantidad de relatos antiguos, por más que tal vez no aparezca como tal en ninguno»[99]. Pero el olvido siempre afecta a lo mejor, pues afecta a la posibilidad de la redención. «"La idea de ayudarme"», dice, con ironía, el espíritu errante e infatigable del cazador Gracchus, «"es una enfermedad de las que hay que curar en la cama"»[100]. Los estudiantes están despiertos al estudiar, y es bien posible que la mejor virtud que ofrece el estudio sea ese mantener despiertos. El artista del hambre está ayunando, el portero se calla, los estudiantes velan. Así de ocultas van actuando en Kafka las reglas esenciales de la ascesis.

---

98 *Amerika*, p. 350.
99 *Beim Bau der Chinesischen Mauer*, p. 248 (*Consideraciones sobre el pecado, el sufrimiento, la esperanza y el camino verdadero*, aforismo 108).
100 *Ibid.*, p. 50 (*El cazador Gracchus*).

Y es que estudiar es su corona. Kafka la saca a la luz con fervor desde los años lejanos de la infancia. «Ya había pasado mucho tiempo, pero Karl había permanecido sentado de la misma manera en casa de sus padres para hacer sus deberes, mientras que su padre leía el periódico o despachaba la contabilidad y las cartas de una asociación, y su madre cosía y alzaba el hilo de la tela. Tratando de no molestar a su padre, Karl depositaba en la mesa tan sólo el cuaderno y la pluma, mientras situaba a derecha e izquierda los libros en sillas. ¡Cuánto silencio se guardaba allí! ¡Qué pocas veces habían entrado otras personas dentro de aquella habitación!»[101]. Tal vez, estos estudios no hayan sido nada. Pero están muy cerca de esa nada que vuelve utilizable al algo: el tao. En ella buscó Kafka con su deseo de «construir una mesa siguiendo al pie de la letra las reglas del oficio y, al tiempo, no hacer nada, pero de tal modo que no pudiera decirse "martillear no es nada para él", sino "martillear es para él un martillear real, y al mismo tiempo nada"; con lo cual el martillear se habría vuelto más audaz todavía, como más decidido todavía, más real todavía y, si lo quieres, más demente

101 *Amerika*, p. 345.

todavía»[102]. Un gesto tan decidido, tan fanático, es el de los estudiantes cuando estudian. No es posible pensarlo de forma más extraña. Los escribientes y los estudiantes sin duda se han quedado sin aliento. Pero, simplemente, aún siguen corriendo. «"A menudo, el funcionario dicta tan bajito que el escribiente no puede oírlo si está sentado, por lo que tiene que ponerse en pie de un salto, atrapar lo dictado, sentarse a toda prisa y escribirlo, saltar de nuevo, etc. ¡Qué curioso resulta todo esto! Es casi incomprensible"»[103]. Mas tal vez podamos comprenderlo mejor si pensamos de nuevo en los actores que reclama el teatro natural. Los actores deben reaccionar de inmediato cuando les dan el pie. Y también se parecen a esos esforzados en otros aspectos. Para ellos martillear es en verdad «"martillear real y, al mismo tiempo, nada"»; a saber: cuando forma parte de lo que es su papel. Un papel que estudian; mal actor sería ese que olvidara de su papel una palabra o un gesto. Para los miembros de la compañía de Oklahoma, el papel es sin duda su vida anterior. De ahí la «naturaleza» propia de este teatro natural. Sus actores están ya redimidos. Mas aún no lo está el estudiante al que Karl

---

102 *Beim Bau der Chinesischen Mauer*, p. 216 (*Él*).
103 *Das Schloss*, p. 342.

FRANZ KAFKA, EN EL DÉCIMO ANIVERSARIO DE SU MUERTE

observa por la noche sin decir palabra mientras lee un libro en el balcón; «va pasando las hojas, de vez en cuando consulta en otro libro que ha cogido a la velocidad de un rayo, y va anotando cosas en su cuaderno, para lo que hunde a sorprendente profundidad el rostro en su interior»[104].

Kafka es infatigable en hacer así presente el gesto, lo que siempre sucede con asombro. Con razón se ha comparado a K. con Schwejk*; a uno le extraña todo, al otro nada. En la era del máximo extrañamiento entre los seres humanos, y de las relaciones infinitamente mediadas, que ya son las únicas que hay, se inventaron el cine y el gramófono. En el cine, el ser humano no reconoce lo que es su propio paso; en el gramófono, tampoco reconoce su voz, como se ha demostrado experimentalmente. La situación de aquel que se somete a estos experimentos es justo la de Kafka. Y ella es lo que le lleva justamente a estudiar. Tal vez dé así con fragmentos de su vida que todavía están relacionados con el que es su papel. Atraparía su perdido gesto,

104 *Amerika*, p. 344.
* Schwejk es el protagonista de una novela satírica de Jaroslav Hasek, muy popular en Alemania en los años veinte del pasado siglo. [N. del T.]

como Peter Schlemihl su sombra vendida*. Se entendería a sí mismo, pero el esfuerzo sería gigantesco. Pues, del olvido, sopla una tormenta, y estudiar es sin duda un cabalgar contra ella. Así cabalga el mendigo sobre el banco, hacia su pasado, para adueñarse de sí en la figura de ese rey que huye. A una vida demasiado breve para un viaje le corresponde este viaje que es lo bastante largo para toda la vida: «Hasta dejar las espuelas, pues no había espuelas; hasta arrojar las riendas, pues no había riendas; y apenas ver ante sí la tierra igual que una pradera segada; verla ya sin cuello de caballo, y sin la cabeza del caballo». Así se cumple la fantasía del jinete dichoso, que avanza hacia el pasado haciendo un viaje vacío y alegre y ya no representa carga alguna para su caballo. Pero ¡ay del jinete que viene encadenado a su rocín por plantearse la meta del futuro, aunque se trate de la más cercana, a saber, sin más, la carbonera! Desdichado también es su animal, desdichados ambos: el cubo y el jinete. «Jinete de mi cubo, con la mano en el asa, sentado en los arreos más senci-

---

*   Peter Schlemihl es el protagonista de la novela de Adalbert von
      Chamisso (1781-1838) *Peter Schlemihl's wundersame Geschichte*, 1814.
      Hay ed. española: *La extraordinaria historia de Peter Schlemihl*, traduc-
      ción de Juan Barja e introducción de Patxi Lanceros, Madrid,
      Abada, 2020. [N. del T.]

llos, bajo con dificultades la escalera; una vez abajo, mi cubo asciende, magnífico, magnífico; no suben con más belleza unos camellos que descansan tumbados en el suelo y se sacuden bajo el palo de su conductor»[105]. Ninguna región se abre con menos esperanza que «las que corresponden a las montañas heladas»[106], en las que se pierde para siempre el jinete del cubo. De «las regiones más bajas de la muerte»[107] sopla el viento que le es más favorable, el mismo que a menudo sopla en Kafka desde el que es el pasado más remoto, y por el cual también se dejará impulsar la barca de Gracchus. «Por doquier», dice Plutarco, «se enseña en los misterios y sacrificios, por igual entre griegos o entre bárbaros, ... que tiene que haber dos seres fundamentales y también dos fuerzas contrapuestas; una de ellas conduce a la derecha y en línea recta, mientras que la otra nos desvía y nos hace ir retrocediendo»*. Ese retroceso es el que marca la dirección del estudio, que transforma la vida en escritura. Su maestro es el doctor Bucéfalo, ese «nuevo abogado» que sin Alejandro, el poderoso

---

105 *Beim Bau der Chinesischen Mauer*, p. 63 (*El jinete del cubo*)
106 *Ibid.*, p. 65.
107 *Ibid.*, p. 50 (*El cazador Gracchus*).
*   Plutarco, *De Isis et Osiris*, 369 C. [N. del T.]

(es decir, el impulso conquistador que avanza), toma
de inmediato el camino de vuelta. «Libre, sin los cos-
tados presionados por los fuertes muslos del jinete, y a
la luz de una lámpara; lejos del estruendo del combate
que impulsa Alejandro, lee y pasa las hojas de nuestros
viejos libros»[108]. Esta historia ha sido interpretada hace
algún tiempo ya por Werner Kraft. Tras haber estudia-
do con cuidado los detalles del texto, anota el intérpre-
te: «En ningún lugar de la literatura se produce una
crítica tan contundente del mito en todo su alcance
como aquí se da»[109]. Kafka —dice Kraft— nunca utiliza
la palabra «justicia»; sin embargo —continúa—, desde
la justicia es donde ejerce la crítica del mito. Una vez
que ya hemos llegado tan lejos, corremos el peligro de
malentender a Kafka si nos detenemos de repente. ¿Es
realmente el derecho eso que, aquí, en nombre de la
justicia, movilizaremos contra el mito? No, el jurista
Bucéfalo permanece fiel a sus orígenes. Pero es que
Bucéfalo parece (y quizá Kafka podría ver aquí lo nuevo
para Bucéfalo y la abogacía) no ejercer la que es su pro-
fesión. Porque ese derecho que ya no se ejerce y que
sólo se estudia es la puerta de acceso a la justicia.

108 *Ein Landarzt*, pp. 4-5 (*El nuevo abogado*).
109 W. Kraft, *Franz Kafka*, pp. 13 y ss.

La puerta de la justicia es el estudio. Y sin embargo Kafka no se arriesga nunca a enlazar con dicho estudio las promesas que la tradición conecta con el estudio de la Torá. Sus ayudantes son los empleados que han perdido ya su sinagoga y sus estudiantes, escolares que a su vez han perdido la escritura. Ya nada los retiene en ese «viaje vacío y alegre»[110]. Pero Kafka ha encontrado la ley de su viaje; al menos una vez, cuando logró igualar la enorme velocidad de dicho viaje al paso épico que buscó toda su vida. Kafka le confió esa ley a un texto que es el mejor de los suyos, no sólo por ser interpretación: «Sancho Panza, aunque nunca se jactó de esto, consiguió en el curso de los años, mediante la lectura detenida de gran número de novelas de caballerías y de bandoleros, empleando las tardes y las noches, apartar de sí a su demonio, al que luego dio el nombre de "Quijote"; de tal modo que éste llevara a cabo, veleidosamente, los actos más demenciales, pero, faltándole un objeto predeterminado, que debía haber sido Sancho Panza, no dañaron a nadie. Sancho Panza, hombre libre, fue siguiendo en sus expediciones con resignación a Don Quijote, tal vez llevado por cierto sentimiento de la

---

110 *Beim Bau der Chinesischen Mauer*, p. 233 (*Consideraciones sobre el pecado, el sufrimiento, la esperanza y el camino verdadero*, aforismo 45).

propia responsabilidad, gracias a lo cual encontró un tema de conversación grande y provechoso, y lo encontró hasta el final»[III].

Siendo un loco fingido y un torpe ayudante, Sancho envió delante a su jinete. Por su parte, Bucéfalo sobreviviría al suyo. Lo importante ya no es si aquí se trata de un ser humano o de un caballo, sino el que la carga le fuera retirada de la espalda.

112   *Ibid.*, p. 38 (*La verdad sobre Sancho Panza*).

FRANZ KAFKA

«Construyendo la muralla china»

Franz Kafka: «Construyendo la muralla china» es la transcripción de una conferencia emitida el 3 de julio de 1931 por la Radio de Frankfurt. [Texto en *Obras*, II-2, pp. 290-297, Abada, 2009.]

Comienzo por una pequeña narración que procede de la obra que da título a esta conferencia, y que sin duda a ustedes les mostrará dos cosas: la grandeza que marca a este escritor y la dificultad que corresponde a dar testimonio de ella. Kafka reprodujo presuntamente una leyenda china:

«El emperador —dice la leyenda— te ha enviado un mensaje desde su lecho de muerte. Sí, a ti, al individuo, al miserable súbdito, a la minúscula sombra que ha escapado lo más lejos posible del sol imperial. El emperador ordenó que el mensajero se postrara ahí ante su cama, y entonces le susurró el mensaje; tan importante era ese mensaje para el emperador, que le ordenó a su mensajero que, inmediatamente, se lo repitiera al oído. Mediante un movimiento de cabeza confirmó que lo que el mensajero había dicho era el mensaje correcto, y ante todos los espectadores de su muerte (las paredes que no dejaban ver fueron derribadas, y en las escalinatas se hallaban los grandes del imperio, formando un gran círculo) el emperador despachó al mensajero. Éste, entonces, se puso de camino en seguida; era un hombre fuerte, infatigable; extendiendo ora un brazo, ora el otro, se abrió camino en la multitud; y si acaso encuentra resistencia, se señala el pecho, en donde se ve el signo del Sol; así avanza, con más facilidad que nadie. Pero la multitud es innumerable y sus hogares no terminan nunca. Si lograra tener el campo libre, el mensajero volaría y pronto oirías el golpe de sus puños encima de tu puerta. Pero, en vez de esto, el mensajero se esfuerza inútilmente; se encuentra luchando todavía para atravesar las estancias del interior del palacio; nunca irá más allá; y si lo consiguiera, no serviría de nada; tendría que bajar por las escaleras; y si lo consiguiera, no serviría de nada; aún tendría que recorrer los patios; y después de los patios, el segundo palacio; y aún más escaleras y más patios, y otro palacio más; y así sucesivamente, por milenios; y si por fin atravesara la última puerta (lo que es cosa que nunca podrá suceder), aún tendría ante sí la capital del imperio, el centro del mundo, en donde sus posos se concentran. Nadie se abre nunca paso aquí, pero menos aún con el mensaje de un muerto. Y, sin embargo, tú aún estás sentado junto a la ventana de tu casa y sueñas con el mensaje mientras la noche cae»[1].

No voy a interpretarles esta historia. Pues para saber que la persona a la que estas palabras se dirigen era ante todo el propio Kafka, no es necesario que lo diga. Pero, ¿quién era Kafka? Él sin duda hizo todo lo posible para que responder a esta pregunta nos resulte difícil. Es evidente que Kafka se encuentra en el centro de sus novelas, mas lo que en ellas sucede quita por cierto toda la importancia a su protagonista, porque nos lo hurta al esconderlo en el corazón de lo banal. Y la clave K. con la que Kafka marca al protagonista de *El castillo* no nos dice al respecto nada más de lo que se puede encontrar en un pañuelo o dentro de un sombrero, sin

---

[1]   Franz Kafka, *Beim Bau der Chinesischen Mauer. Ungedruckte Erzählungen und Prosa aus dem Nachlass*, ed. Max Brod y Hans Joachim Schoeps, Berlín, 1931, pp. 22-23 (*Construyendo la muralla china*). Kafka había publicado este pasaje del relato titulado *Construyendo la muralla china* como un relato independiente, titulado a su vez *Un mensaje imperial*, en el volumen *Ein Landarzt. Kleine Erzählungen*, Múnich y Leipzig, 1919, pp. 90-94.

que por ello podamos reconocer al desaparecido. En todo caso, podríamos elaborar una leyenda acerca de ese Kafka, que se pasó toda la vida preguntándose qué aspecto tenía, sin enterarse de que había espejos.

Para volver a la historia del principio, voy a indicarles cómo no se debe interpretar a Kafka, pues, por desgracia, es éste casi el único modo de enlazar con lo dicho hasta ahora sobre él. Por supuesto, era tentador aplicar a los textos y a los libros de Kafka un esquema tomado de la filosofía de la religión, cosa que ya se ha hecho. Y también es posible que el trato cotidiano con el autor (como el que tuvo Max Brod, que fue el meritorio editor de sus obras) inspirara o confirmara dicha idea. Sin embargo, lo único que ha logrado ese esquema es el evitar ese mundo de Kafka, casi me atrevería a decir: despacharlo. Es verdad sin duda que no nos es posible refutar con entera certeza la afirmación de que en su novela *El castillo* Kafka intentó exponer la fuerza superior y el ámbito de la gracia; en *El proceso*, la fuerza inferior, el juicio; y en su última gran obra, la titulada *América*, la vida terrena, todo ello en sentido teológico[2]. Pero ese método produce un resultado mucho menor

2   Cfr. Willy Haas, *Gestalten der Zeit*, Berlín, 1930, p. 175.

que la interpretación de dicho autor desde lo que es el centro de su mundo de imágenes, lo que sin duda es mucho más difícil. Un ejemplo: el proceso contra Josef K. tiene lugar en medio de la vida cotidiana, en patios interiores, salas de espera, etc., unos lugares que cambian y en los que el acusado siempre suele perderse. Así, un día Josef K. acude a una buhardilla. Las tribunas están llenas de personas que siguen apiñadas el juicio; se encuentran bien dispuestas para una larga sesión; pero ahí arriba no es fácil aguantar mucho tiempo (el techo, uno que en Kafka es casi siempre bajo, les oprime y agobia), por lo que se han traído un almohadón para, sobre él, apoyar la cabeza[3]. Es la imagen exacta del capitel adornado con figuras grotescas de las columnas de las iglesias medievales. Naturalmente, no estamos diciendo que Kafka pretendiera imitar esto. Mas si tomamos su obra como espejo, el capitel del pasado puede de repente aparecer como objeto inconsciente y verdadero de esa descripción, y la interpretación tendrá entonces que buscar su reflejo en sentido contrario, tan lejos del espejo como lo está el modelo reflejado. Dicho de otra manera: en el futuro.

3   Cfr. F. Kafka, *Der Prozess. Roman*, Berlín, 1925, p. 67.

La obra de Kafka es profética. El lector ha de entender las precisas extravagancias de que está llena la vida en la obra de Kafka como pequeños signos, como indicios y síntomas de desplazamientos que el autor ve iniciarse en todas las situaciones sin ser capaz de integrarse en los órdenes nuevos. De modo que lo único que puede hacer es responder con asombro no exento de pánico a las desfiguraciones incomprensibles de la vida que delatan la llegada de estas leyes. Y es que Kafka se encuentra tan obsesionado con esto que no puede siquiera describir (investigar) un proceso sin desfigurarlo. Dicho en otras palabras: cuanto Kafka describe nos habla de otra cosa distinta de sí mismo. La fijación de Kafka en este objeto, que es su único objeto, la desfiguración de la vida, puede provocar en el lector una impresión de obstinación. Pero es que, en el fondo, esta impresión (como la seriedad inconsolable, la desesperación que alumbra en su mirada) sólo es un indicio de que Kafka ha roto el ejercicio de una prosa puramente poética. Tal vez su prosa no demuestre nada; en todo caso, sí puede integrarse en cualquier momento en un contexto de demostración. Hay que recordar a este respecto la forma propia de la *Hagadá*: así llaman concretamente los judíos a las historias y anécdotas de la literatura rabínica que explican y confirman la doctrina, a saber, la *Halajá*. Y, al igual que las partes hagádicas del Talmud, estos libros constituyen narraciones, como una *Hagadá* que se demora en descripciones tercamente detalladas con la esperanza y el miedo de que la fórmula halájica pueda encontrarse con ella en el camino.

Así, el *ritardando* es el sentido auténtico de esa curiosa minuciosidad, a menudo chocante, de la que Brod ha dicho que es lo propio de la perfección de Kafka, como de su búsqueda del camino correcto. «De todas las cosas serias de la vida», comenta Brod, se puede decir lo que una chica afirma en *El castillo* sobre las enigmáticas cartas de la autoridad: «"Las reflexiones a que dan lugar son inacabables"»[4]. Lo que ahí se complace, en esta forma de la inacababilidad, es sin duda el miedo a que termine. Y, por tanto, su minuciosidad no tiene igual sentido que el de un episodio de novela. Las novelas se bastan a sí mismas, mas los libros de Kafka no se bastan nunca, sino que son narraciones preñadas de una concreta moraleja, una que, sin embargo, nunca llega a nacer. De ahí que Kafka aprendiera (si es que

4   Max Brod, «Nachwort», en: F. Kafka, *Das Schloss. Roman*, Múnich, 1926, p. 503. La cita de Kafka se encuentra en el capítulo titulado «Los planes de Olga».

se desea hablar sobre esto) no de los más grandes nove-
listas, sino de autores mucho más modestos: a saber, de
los narradores*. El moralista Hebel y el difícil suizo
Robert Walser fueron dos de sus autores predilectos**.
Ya hemos hablado antes de la problemática construcción propia de la filosofía de la religión que se viene
aplicando a los textos de Kafka y que ha hecho de la
montaña del castillo la sede de la gracia. Pues bien, el
hecho de que dichos libros hayan quedado así inacabados, es la auténtica obra de la gracia en ellos. En efecto,
el hecho de que la ley no se manifieste en ningún pasaje
de Kafka es plasmación de la gracia en el fragmento.

Quien albergue dudas sobre esta verdad puede con-
firmarla por lo que Brod nos cuenta de una conversación con el autor acerca de sus planes para terminar *El
castillo*. Tras una larga vida sin descanso ni justicia en ese
pueblo, finalmente agotado por la lucha, K. yace ten-
dido en su lecho de muerte. Por fin llega el mensajero
del castillo que trae la noticia decisiva: K. no tiene

---

* Sobre la diferencia entre novelista y narrador, véase en este volumen el artículo titulado *El narrador*, que es de 1936. [N. del T.]

** Sobre Johann Peter Hebel hay dos artículos en el volumen II/1
y otro en este volumen II/2 de esta edición de las obras de
Walter Benjamin. En cuanto a Walser, véase en el volumen II/1
el artículo titulado *Robert Walser*, que es de 1929. [N. del T.]

derecho a vivir en el pueblo, pero, en consideración a ciertas circunstancias, se le va a permitir vivir y trabajar aquí. Y, entonces, fallece[5]. Es seguro que ya se han dado cuenta de que esta prevista narración pertenece exactamente al mismo orden que la leyenda con la que he empezado. Por lo demás, Max Brod nos ha contado que, al hablar de este pueblo, al pie de la montaña del castillo, Kafka tenía en mente un pueblo real: Zürau, en los Montes Metálicos[6]. Pero yo creo reconocer en él el pueblo del que habla cierta leyenda talmúdica. Esa leyenda que un rabino cuenta como respuesta a la pregunta de por qué el judío organiza un banquete el viernes de noche. La leyenda nos habla de una princesa que languidece en el destierro, lejos de sus compatriotas, en un pueblo cuyo idioma no comprende. Un día recibe una carta de su prometido, que no la ha olvidado y que se ha puesto en camino hacia ella. Pues bien, el rabino dice que el prometido es el Mesías, la princesa es el alma, y ese pueblo en el que la princesa se encuentra retenida y desterrada es a su vez el cuerpo. Y como el alma no puede comunicar de ninguna otra

5   Cfr. Max Brod, «Nachwort», p. 493.
6   Brod le dijo esto a Willy Haas, que lo cuenta en su libro *Gestalten der Zeit*, pp. 183-184.

forma su alegría a quienes no comprenden para nada su idioma, le organiza un banquete al cuerpo.

Si cambiamos un poco esta historia talmúdica, nos encontramos en medio del mundo de Kafka. Pues hoy el ser humano vive ahí, en su cuerpo, igual que K. en el pueblo de la montaña del castillo: es sólo un extraño, es un apátrida que no conoce nada de las leyes que conectan al cuerpo sin duda con los órdenes superiores. En este aspecto es muy interesante el hecho de que Kafka sitúe tan a menudo a determinados animales en el centro de sus narraciones. Estas curiosas historias de animales se podrían leer sin darse cuenta de que no se trata de seres humanos. Y cuando te encuentras con el nombre del animal (del ratón o del topo), levantas asustado la mirada y ves que estás muy lejos del continente humano. Por lo demás, la elección de los animales en cuyos pensamientos Kafka envuelve sus propios pensamientos es seriamente significativa. Así, siempre se trata de animales que viven en el seno de la Tierra, o por lo menos, como el escarabajo de su relato *La metamorfosis*, en el suelo, escondidos en rendijas. Esconderse le parece al escritor lo único adecuado para los miembros de su generación y de su entorno, que se encuentran aislados, sin conocer la ley. Pero esta ausencia de ley no ha existido siempre; Kafka no se cansa de describir los mundos de que habla como unos mundos viejos, anticuados. Los aposentos en que tiene lugar el proceso parecen muy viejos, como las normas de la colonia penitenciaria y los hábitos sexuales de las mujeres que acompañan a K. Pero la depravación de dicho mundo no resulta sólo perceptible en los personajes femeninos, todos los cuales se entregan a una promiscuidad ilimitada; con el mismo descaro la proclama en su actuación la fuerza superior, sobre la cual se ha dicho muy acertadamente que juega tan cruelmente con sus víctimas como la fuerza inferior. «Ambos mundos son un laberinto semioscuro, angosto, polvoriento y muy mal aireado de salas de espera, oficinas y despachos, con una jerarquía incomprensible de funcionarios, tanto altos como bajos, así como ordenanzas y abogados, diversos recaderos y ayudantes, que exteriormente parecen la parodia de una absurda y ridícula burocracia»[7]. Como se ve, también los superiores se encuentran sin ley hasta tal punto que aparecen en el nivel de los inferiores, y así, careciendo de paredes, creaturas de todos los órdenes se mezclan, siendo secretamente solidarias en el único y común

7   W. Haas, *Gestalten der Zeit*, p. 176.

sentimiento de miedo. Pero un miedo que no es reacción, sino órgano. De este modo, se puede precisar qué presentimiento agudo e infalible los atenaza en cada momento. Pero antes de que sea reconocible su objeto, la curiosa duplicidad de dicho órgano da mucho que pensar. Este miedo (y esto puede recordarnos la parábola del espejo del principio) es, al mismo tiempo y en igual proporción, miedo a lo más antiguo, inmemorial, y lo más cercano e inmediato. En pocas palabras, es el miedo a la culpa desconocida y a la expiación, uno cuya única bendición es que nos da a conocer la culpa.

Porque la precisa desfiguración que caracteriza al mundo de Kafka viene de que aquí todo lo nuevo y lo liberador siempre se nos ha de presentar adoptando la forma de la expiación mientras que no se haya comprendido, conocido y despachado lo pasado. De ahí que Willy Haas haya acertado al descifrar justamente como olvido la culpa desconocida que da lugar al proceso contra Josef K[8]. La obra de Kafka está llena de configuraciones del olvido (como súplicas mudas para adivinar algo, de una vez), ya pensemos en «la preocu-

8   Cfr. *Ibid.*, pp. 195-197.

pación del padre de familia», en el extraño carrete llamado Odradek, sobre el cual nadie sabe ciertamente qué es[9], en el escarabajo pelotero protagonista de *La metamorfosis* (del que sabemos qué era, un ser humano)[10], o en ese extraño «cruce», mitad gatito y mitad cordero, para el que el cuchillo del carnicero tal vez sería una liberación[11].

> Cuando voy a mi jardincillo
> mis florecitas a regar,
> hay un jorobado hombrecillo
> que se pone a estornudar[12].

Así dice una sabia y honda canción popular. También a él lo hemos olvidado, al jorobado hombrecillo del que hemos sabido en otros tiempos, cuando estaba tranquilo, y que ahora corta el camino hacia el futuro. Es bastante significativo que Kafka no haya creado, sino

---

9 Cfr. F. Kafka, *Ein Landarzt*, p. 95 (*La preocupación del padre de familia*).
10 Cfr. F. Kafka, *Die Verwandlung*, Leipzig, 1915, p. 3.
11 Cfr. F. Kafka, *Beim Bau der Chinesischen Mauer*, p. 56 (*Un cruce*).
12 Versos 1-4 de la canción infantil alemana *Das buckliche Männlein*, en: *Des Knaben Wunderhorn. Alte deutsche Lieder gesammelt von L. A. von Arnim und Clemens Brentano*, vol. 3, Heidelberg, 1808, p. 297.

reconocido, la figura del más religioso de los hombres, la figura del hombre que está en lo correcto. ¿Y en quién? En Sancho Panza, que se libró de la promiscuidad con el demonio dándole objeto distinto de sí mismo, gracias a lo cual pudo llevar una vida tranquila en la que no necesitaba olvidar nada.

«Sancho Panza», dice la interpretación tan breve como grandiosa hecha por Kafka, «consiguió en el curso de los años, mediante la lectura detenida de gran número de novelas de caballerías y de bandoleros, empleando las tardes y las noches, apartar de sí a su demonio, al que luego dio el nombre de "Quijote"; de tal modo que éste llevara a cabo, veleidosamente, los actos más demenciales, pero, faltándole un objeto predeterminado, que debía haber sido Sancho Panza, no dañaron a nadie. Sancho Panza, hombre libre, fue siguiendo en sus expediciones con resignación a Don Quijote, tal vez llevado por cierto sentimiento de la propia responsabilidad, gracias a lo cual encontró un tema de conversación grande y provechoso, y lo encontró hasta el final»[13].

---

13   F. Kafka, *Beim Bau der Chinesischen Mauer*, p. 38 (*La verdad sobre Sancho Panza*).

Si las novelas largas del autor vienen a ser los cam-
pos bien provistos que al fin nos ha dejado, el nuevo
volumen de historias del que procede esta interpretación es la bolsa del sembrador llena de granos que tienen la fuerza de los granos naturales; unas semillas de
las que sabemos que siguen dando fruto aun después de
milenios, al sacarlas de nuevo de las tumbas.

MORAL DE CABALLERO

Este texto fue publicado en noviembre de 1929 dentro de la revista *Die literarische Welt*. [Texto en *Obras*, IV-1, pp. 420-422, Abada, 2010.]

Cuanto más deja la rutina a las personas escabullirse en sus acciones y omisiones al duro acoso que impulsa la verdad, más sutilmente se ocuparán de construcciones como las «cuestiones de conciencia», los intensos «conflictos interiores» y las «máximas éticas». Esto es obvio sin duda, pero su obviedad no nos dispensa de llamar la atención sobre este hecho lamentable cada vez que de nuevo se difunde. Así ha vuelto a suceder recientemente, y por cierto que sin disimulo, en la discusión que ha entablado Ehm Welk con Max Brod, editor de los escritos póstumos de Kafka[1]. Éste nos ha explicado en los epílogos puestos a *El proceso* y *El castillo*

1   Ehm Welk (1884-1966), novelista; Max Brod (1884-1968), novelista y ensayista. [N. del T.]

que Kafka le entregó aquellas obras con el objeto de
que las estudiara, pero también la condición expresa
de que no las diera a publicar, sino que después las
destruyera; y Brod expone a continuación los motivos
que le impulsaron finalmente a no cumplir la voluntad de Kafka. Por supuesto que no se trata sólo del
rechazo enérgico y completo de dichos motivos, ese
rechazo que antes de Ehm Welk no ha permitido plantear a Brod la cómoda acusación de haber faltado a la
palabra que le dio a su amigo. Pues cuando la estreme-
cedora obra de Kafka vio la luz y abrió sus grandes
ojos, se produjo un hecho que cambió toda la situación enteramente, de la misma manera que el naci-
miento de un hijo modifica y cambia por completo
una relación ilegítima. De ahí el respeto ya no sólo a la
obra, sino también al comportamiento de quien ha
permitido conocerla. Que las absurdas acusaciones
contra Brod no las podría plantear ninguno que de
verdad aprecie la obra de Kafka (¿cómo podemos
apreciarlo a él, si ya no es mediante su obra?) es algo
tan seguro como esto: que una vez planteada, la acusación revela enteramente su penosa arrogancia cuando
la confrontamos a esta obra. Pues la obra de Kafka,
que trata de las más oscuras exigencias de la vida
humana —exigencias de las cuales siempre se habían

ocupado los teólogos, y pocas veces como lo hizo Kafka, pero rara vez los escritores—, debe su grandeza literaria al hecho de que en ella se contiene este gran misterio teológico, pero a que hacia fuera se presenta con toda sencillez y sobriedad. Igualmente sobria fue la vida de Kafka, y la amistad que tuvo con Max Brod. Pero no se trataba de ninguna nueva clase de sociedad secreta, sino de una amistad entre escritores que, siendo muy estrecha, se encontraba puesta ante la luz de la obra de ambos, como de su pública importancia. El recelo efectivo del autor a la publicación de su obra se derivaba de la convicción de no estar acabada, no de la intención manifestada de tenerla en secreto. Que Kafka fuera guiándose en su práctica por esta convicción se nos hace pues tan comprensible como el que dicha convicción no le valga a su amigo. Y sin duda este hecho resultaba claro para Kafka. Kafka sabía tener que retirar eso que había ya desarrollado en beneficio de lo aún no desarrollado, pero también sabía que su amigo a su vez lo tendría que salvar, quitándole así el cargo de conciencia de dar a su obra al fin el imprimatur o sino destruirla. La indignación de Welk aquí es ilimitada. Para justificar por fin a Brod, Welk atribuye a Kafka un truco torpemente jesuítico, una *reservatio mentalis*; la intención de que la obra se publique y, al mismo tiempo, la oposición de su autor a que su obra se publique. Nosotros no decimos otra cosa, pero añadimos además: la lealtad hacia Kafka consistió justamente en que esto sucediera. El que Brod publicara dichas obras y aún, al mismo tiempo, la póstuma orden del autor para no hacerlo. —Una orden que Brod no tenía que debilitar al hacer referencia a las cambiantes opiniones de Kafka—. Ehm Welk sin duda no estará de acuerdo con esto. Pero esperamos que se tenga por vencido. Pues su ataque es un firme testimonio de la enorme ignorancia con que aborda todo cuanto tiene relación con Kafka. Con ello su moral de caballero no tiene aquí nada que decir ante este hombre doblemente mudo. Lo que Welk tendrá que hacer sin duda es bajar cuanto antes de ese alto caballo en que se monta.

Reseña del libro de Max Brod
FRANZ KAFKA. UNA BIOGRAFÍA
(RECUERDOS Y DOCUMENTOS),
Praga, Heinr. Mercy Sohn, 1937

Escrita a petición de Gershom Scholem a comienzos de junio de 1938, y a él remitida en carta del 12 de junio del mismo año, la reseña no se publicó ni en Schocken ni en *Mass und Wert*, a pesar de los trámites de ambos amigos. Permaneció inédita hasta la edición de las *Cartas*, en 1966, y se recogió en el volumen III de *Gesammelte Schriften* (pp. 526-529), ya en 1972. La traducción de este texto y las notas son de Patxi Lanceros.

El libro se caracteriza por la contradicción fundamental que se da entre, por una parte, la tesis del autor y, por otra, su actitud. Incluso la última tiende, en cierta medida, a desacreditar a la primera, aun guardando silencio sobre las objeciones que contra esta se alzan. La tesis es que Kafka se hallaría en el camino hacia la santidad. Por su parte, la postura del biógrafo es de completa *bonhommie*. La falta de distancia es su característica más reseñable.

Que tal actitud pueda acomodarse a *esa* perspectiva del objeto, priva al libro de su autoridad desde el principio. *Cómo* lo hace lo ilustra, por ejemplo, la expresión «nuestro Franz», que, desde una foto, salta a los ojos del lector. La intimidad con los santos tiene su precisa rúbrica histórico-religiosa: se llama pietismo. La actitud de Brod como biógrafo es pietista de una intimidad ostentosa; en otras palabras, la más impía que se puede concebir.

A este desaseo en la economía de la obra contribuyen hábitos que el autor ha podido adquirir en su actividad profesional. En cualquier caso, apenas es posible ignorar las huellas de la desidia periodística, incluso en la formulación de su tesis: «La categoría de santidad... es realmente la única desde la que se pueden contemplar la vida y obra de Kafka». ¿Es preciso señalar que el de la santidad es un orden reservado a la vida y al que en ningún caso pertenece la obra? ¿Y es necesario añadir que el predicado de la santidad es mera fórmula retórica fuera de una constitución religiosa tradicionalmente fundada?

Carece Brod de todo sentido del rigor pragmático que cabe exigir a un primer relato de la vida de Kafka. «Nada sabíamos de hoteles de lujo, y, sin embargo, éramos despreocupadamente felices». Como consecuencia de una llamativa falta de tacto, de sentido para los umbrales y las distancias, penetran clichés de suplemento literario en un texto que, por su objeto, está obligado a la contención. Esta no es tanto la razón, sino más bien una prueba, de la medida en la que se le ha negado a Brod toda idea original de la vida de Kafka. Esta incapacidad para ajustarse a la cosa misma es particularmente escandalosa cuando Brod se refiere a la célebre cláusula testamentaria por la que Kafka le ordena destruir su obra póstuma. Este habría sido el lugar, si alguno hubiere, para exponer aspectos fundamentales de la existencia de Kafka. (Es claro que no se quería hacer responsable ante la posteridad de una obra cuya grandeza conocía.)

La cuestión se ha debatido en repetidas ocasiones desde la muerte de Kafka. Es obvio que había que detenerse aquí. Claro que esto hubiera implicado para el biógrafo una reflexión consigo mismo. En efecto, Kafka tuvo que confiar el legado a alguien que no quisiera ejecutar su última voluntad. Y ni el testador ni su biógrafo tendrían que sufrir por tal resolución. Pero eso requiere la capacidad de medir las tensiones por las que estaba atravesada la vida de Kafka.

Que esa capacidad le falta a Brod lo confirman los pasajes en los que acomete una aclaración de la obra de Kafka, o de su estilo literario. Se limita a planteamientos diletantes. La peculiaridad de la esencia y de la escritura no es, sin lugar a duda, como piensa Brod, «aparente», y mucho menos se pueden afrontar las representaciones de Kafka con el supuesto de que «no son sino la verdad». Este tipo de excursos sobre la obra de Kafka son tan sólo propicios para hacer problemática por principio la interpretación de su visión del mundo por parte de Brod. Cuando Brod dice que Kafka se hallaba aproximadamente en la línea de Buber, esto es como buscar la mariposa en la red sobre la que proyecta su sombra mientras revolotea de aquí para allá. La «interpretación en cierto sentido judeo-realista» de *El Castillo* suprime los trazos repugnantes y terribles de los que está dotado el mundo superior en Kafka, a mayor gloria de una interpretación edificante que debería ser sospechosa justamente para el sionista.

De vez en cuando, esta comodidad, que tan escasa-mente conviene a su objeto, se descubre incluso ante un lector no muy exigente. Le quedó reservado a Brod el cometido de ilustrar la compleja problemática del símbolo y la alegoría, que a él tan importante le parece para la interpretación de Kafka, a través del ejemplo del «soldado de plomo erguido», que se presenta como un símbolo plenamente válido en la medida en que no sólo «expresa mucho ... de lo que tiende hacia el infinito», sino que también se nos aproxima «con su detallado destino personal como soldado de plo-mo». A uno le gustaría saber cómo se aparece el escudo de David a la luz de semejante teoría del símbolo.

Una intuición de la debilidad de su propia inter-pretación de Kafka hace a Brod susceptible frente a la de otros. No resulta agradable que despache de un plumazo el interés, nada insensato, de los surrealistas por Kafka, o las parcialmente significativas interpretaciones de sus relatos breves debidas a Werner Kraft[1]. Se nota además cómo se esfuerza en devaluar incluso la venidera literatura sobre Kafka. «Así se podrá explicar y explicar (y se seguirá haciendo), pero necesariamente sin fin». El acento, puesto sobre el paréntesis, llama la atención. En cualquier caso, no se escucha de buena gana que «los múltiples sufrimientos y aun los defectos privados y accidentales de Kafka» contribuyen a la comprensión de su obra más que las «construcciones teológicas», y precisamente dicho por quien se resuelve a subsumir su propia interpretación de Kafka bajo el concepto de santidad. El mismo ademán despectivo vale para todo aquello que perturba a Brod en su convivencia con Kafka: tanto el psicoanálisis como la teología dialéctica. Eso le permite oponer el estilo de escritura de Kafka a la «falsa exactitud» de Balzac (con lo que sólo tiene en mente aquellas evidentes balandronadas que no se pueden disociar de la obra de Balzac, y de su grandeza).

[1]   De las que hay edición conjunta en el libro de Kraft *Franz Kafka. Durchdringun und Geheimnis*, Frankfurt, 1968.

Nada de esto procede de la sensibilidad de Kafka. Brod, en demasiadas ocasiones, carece de la serenidad que a aquel le era propia. No hay ser humano, dice Joseph de Maistre, a quien no se pueda ganar con una opinión comedida. El libro de Brod no resulta atractivo. Se excede tanto en la forma en la que venera a Kafka como en la familiaridad con la que lo trata. Ambas cosas tienen, seguramente, su prólogo en la novela para la que su amistad con Kafka sirvió de alegato. Haber extraído de allí algunas citas no es, en ningún caso, el menor de los errores de esta descripción de una vida. Como él mismo admite, el autor se sorprende de que esa novela —*El reino mágico del amor*[2]— pueda parecer a los menos próximos una ofensa a la piedad debida al difunto. «También esto se malinterpreta, como todo ... Nadie repara en que Platón, de un modo similar aunque mucho más amplio, arrancó de la muerte a Sócrates, su maestro y amigo, que vive y actúa, como compañero con el que convive, con el que piensa, al hacer de él el héroe de casi todos los diálogos que escribió tras la muerte de Sócrates».

2   La novela de Brod *Zauberreich der Liebe* se publicó en Berlín, en 1928.

Es poco probable que el *Kafka* de Brod figure algún día entre las grandes inaugurales biografías de poetas, en la línea del *Hölderlin* de Schwab, el *Büchner* de Franzos, el *Keller* de Bächtold[3]. Tanto más memorable resulta como testimonio de una amistad, lo que no es uno de los menores acertijos en la vida de Kafka.

3   Se refiere Benjamin a las siguientes obras: *Hölderlins Leben*, de Christoph Theodor Schwab, Stuttgart, 1846; *Gottfried Kellers Leben*, de Jacob Bächtold, Berlín, 1894; y *Georg Büchner*, de Karl Emil Franzos, Frankfurt, 1879. Las tres célebres biografías se editaron como preámbulo a las respectivas ediciones de los autores concernidos.

ÍNDICE

La presente edición
se acabó de imprimir
en abril de 2024,
año del centésimo aniversario
de la muerte de Kafka.
Todo sigue igual.